Apontamentos de Direito PENAL

Parte Geral e Especial

Apontamentos de Direito PENAL

Um livro para quem quer aprender os pontos mais importantes da disciplina

Geovane Moraes

Parte Geral e Especial

Copyright © 2023 by Editora Letramento
Copyright © 2023 by Geovane Moraes

Diretor Editorial | **Gustavo Abreu**
Diretor Administrativo | **Júnior Gaudereto**
Diretor Financeiro | **Cláudio Macedo**
Logística | **Daniel Abreu**
Comunicação e Marketing | **Carol Pires**
Assistente Editorial | **Matteos Moreno e Maria Eduarda Paixão**
Designer Editorial | **Gustavo Zeferino e Luís Otávio Ferreira**

CONSELHO EDITORIAL JURÍDICO

Alessandra Mara de Freitas Silva
Alexandre Morais da Rosa
Bruno Miragem
Carlos María Cárcova
Cássio Augusto de Barros Brant
Cristian Kiefer da Silva
Cristiane Dupret
Edson Nakata Jr
Georges Abboud
Henderson Fürst

Henrique Garbellini Carnio
Henrique Júdice Magalhães
Leonardo Isaac Yarochewsky
Lucas Moraes Martins
Luiz Fernando do Vale de Almeida Guilherme
Nuno Miguel Branco de Sá Viana Rebelo
Onofre Alves Batista Júnior
Renata de Lima Rodrigues
Salah H. Khaled Jr
Willis Santiago Guerra Filho.

Todos os direitos reservados. Não é permitida a reprodução desta obra sem aprovação do Grupo Editorial Letramento.

Dados Internacionais de Catalogação na Publicação (CIP) de acordo com ISBD

M828a	Moraes, Geovane
	Apontamentos de Direito Penal: parte geral e especial / Geovane Moraes. - Belo Horizonte, MG : Casa do Direito, 2023.
	226 p. ; 14cm x 21cm.
	Inclui bibliografia.
	ISBN: 978-65-5932-296-1
	1. Direito. 2. Direito Penal. I. Título.
2023-481	CDD 345
	CDU 343

Elaborado por Vagner Rodolfo da Silva - CRB-8/9410

Índice para catálogo sistemático:
1. Direito Penal 345
2. Direito Penal 343

Rua Magnólia, 1086 | Bairro Caiçara
Belo Horizonte, Minas Gerais | CEP 30770-020
Telefone 31 3327-5771

CASA DO DIREITO
é o selo jurídico do Grupo Editorial Letramento

editoraletramento.com.br ▲ contato@editoraletramento.com.br ▲ editoracasadodireito.com

Para Malu.

Sem o seu apoio, companheirismo e amor esta obra não seria possível.

"Os homens não discordam muito nas coisas que eles consideram más; eles discordam, enormemente, sobre que males eles considerarão desculpáveis".

Gilbert Keith Chesterton
(Escritor, poeta, filósofo, teólogo e jornalista inglês)

13		**APRESENTAÇÃO**
14		**1. NOÇÕES INTRODUTÓRIAS**
20		**2. CONFLITO APARENTE DE NORMAS PENAIS**
20	2.1.	PRINCIPAIS MECANISMOS DE SOLUÇÃO
20	2.1.1.	**ESPECIALIDADE (OU ESPECIFICIDADE):**
21	2.1.2.	PRINCÍPIO DA CONSUNÇÃO OU PRINCÍPIO DA ABSORÇÃO:
22	2.1.3.	PRINCÍPIO DA SUBSIDIARIEDADE. *LEX PRIMARIA DEROGAT LEGI SUBSIDIARIE*: PODEMOS DESTACAR DOIS PRISMAS:
22	2.1.4.	PRINCÍPIO DA ALTERNATIVIDADE:
24		**3. PRINCÍPIOS DO DIREITO PENAL**
31		**4. LEI PENAL NO TEMPO**
36		**5. LEI PENAL NO ESPAÇO**
41		**6. CONTAGEM DE PRAZO**
42		**7. TEORIA GERAL DO CRIME**
42	7.1.	CONCEITO DE CRIME
42	7.2.	FATO TÍPICO
51	7.3.	FATO ANTIJURÍDICO
51	7.3.1.	EXCLUDENTES DE ILICITUDE
52	7.3.2.	ESTADO DE NECESSIDADE
53	7.3.3.	LEGÍTIMA DEFESA
55	**7.3.4.**	**ESTRITO CUMPRIMENTO DO DEVER LEGAL E EXERCÍCIO REGULAR DE DIREITO**
56	7.4.	CULPABILIDADE OU AGENTE CULPÁVEL
58		**8. CONCURSO DE PESSOAS**
64		**9. CONCURSO DE CRIMES**
67		**10. TEORIA GERAL DA PENA**
67	10.1.	SANÇÕES PENAIS
67	10.2.	DOSIMETRIA DA PENA PRIVATIVA DE LIBERDADE (PPL)
67	10.2.1.	PRIMEIRA FASE DA DOSIMETRIA DA PPL
71	10.2.2.	SEGUNDA FASE DA DOSIMETRIA DA PPL
75	10.2.3.	TERCEIRA FASE DA DOSIMETRIA DA PPL
76	10.3.	REGIME DE PENA
79	10.4.	PENA RESTRITIVA DE DIREITO
82	10.5.	PROGRESSÃO DE REGIME
86	10.6.	REMIÇÃO DA PENA
88	10.7.	SUSPENSÃO CONDICIONAL DA PENA
92	10.8.	LIVRAMENTO CONDICIONAL

94 **11. AÇÃO PENAL**
95 **12. EXTINÇÃO DE PUNIBILIDADE**
100 **13. CRIMES CONTRA A VIDA**
100 13.1. HOMICÍDIO - ART.121
106 13.2. INDUZIMENTO, INSTIGAÇÃO OU AUXÍLIO A SUICÍDIO OU A AUTOMUTILAÇÃO
108 13.3. INFANTICÍDIO
109 13.4. ABORTO
111 13.5. LESÃO CORPORAL
113 13.6. PERIGO DE CONTÁGIO VENÉREO
113 13.7. PERIGO DE CONTÁGIO DE MOLÉSTIA GRAVE
114 13.8. PERIGO PARA A VIDA OU SAÚDE DE OUTREM
115 13.9. ABANDONO DE INCAPAZ
116 13.10. EXPOSIÇÃO OU ABANDONO DE RECÉM-NASCIDO
117 13.11. OMISSÃO DE SOCORRO
118 13.12. CONDICIONAMENTO DE ATENDIMENTO MÉDICO-HOSPITALAR EMERGENCIAL
118 13.13. MAUS TRATOS
120 13.14. RIXA
120 13.15. CALÚNIA
121 13.16. DIFAMAÇÃO
122 13.17. INJÚRIA
126 13.18. CONSTRANGIMENTO ILEGAL
127 13.19. AMEAÇA
128 13.20. PERSEGUIÇÃO
130 13.21. VIOLÊNCIA PSICOLÓGICA CONTRA A MULHER
130 13.22. SEQUESTRO E CÁRCERE PRIVADO
131 13.23. VIOLAÇÃO DE DOMICÍLIO
133 13.24. INVASÃO DE DISPOSITIVO INFORMÁTICO
135 **14. CRIMES CONTRA O PATRIMÔNIO**
135 14.1. NOTAS GERAIS
135 14.2. FURTO
141 14.3. ROUBO
146 14.4. EXTORSÃO
148 14.5. EXTORSÃO MEDIANTE SEQUESTRO
148 14.6. EXTORSÃO INDIRETA
149 14.7. DANO
149 14.8. APROPRIAÇÃO INDÉBITA
152 14.9. APROPRIAÇÃO INDÉBITA PREVIDENCIÁRIA
155 14.10. ESTELIONATO

158	14.11.	ABUSO DE INCAPAZES
159	14.12.	INDUZIMENTO À ESPECULAÇÃO
159	14.13.	RECEPTAÇÃO
161	14.14.	ESCUSAS/IMUNIDADES

163 15. CRIMES CONTRA A ORGANIZAÇÃO DO TRABALHO

163	15.1.	INFORMAÇÕES GERAIS
164	15.2.	ATENTADO CONTRA A LIBERDADE DE TRABALHO
165	15.3.	ATENTADO CONTRA A LIBERDADE DE CONTRATO DE TRABALHO E BOICOTAGEM VIOLENTA
166	15.4.	ATENTADO CONTRA A LIBERDADE DE ASSOCIAÇÃO
167	15.5.	PARALISAÇÃO DE TRABALHO, SEGUIDA DE VIOLÊNCIA OU PERTURBAÇÃO DA ORDEM
168	15.6.	PARALISAÇÃO DE TRABALHO DE INTERESSE COLETIVO
169	15.7.	INVASÃO DE ESTABELECIMENTO INDUSTRIAL, COMERCIAL OU AGRÍCOLA. SABOTAGEM
170	15.8.	FRUSTRAÇÃO DE DIREITO ASSEGURADO POR LEI TRABALHISTA
171	15.9.	FRUSTRAÇÃO DE LEI SOBRE A NACIONALIZAÇÃO DO TRABALHO
171	15.10.	EXERCÍCIO DE ATIVIDADE COM INFRAÇÃO DE DECISÃO ADMINISTRATIVA
172	15.11.	ALICIAMENTO PARA O FIM DE EMIGRAÇÃO

173 16. CRIMES CONTRA A DIGNIDADE SEXUAL

173	16.1.	ESTUPRO
174	16.2.	VIOLAÇÃO SEXUAL MEDIANTE FRAUDE
175	16.3.	IMPORTUNAÇÃO SEXUAL
176	16.4.	ASSÉDIO SEXUAL
178	16.5.	REGISTRO NÃO AUTORIZADO DA INTIMIDADE SEXUAL
179	16.6.	ESTUPRO DE VULNERÁVEL
181	16.7.	CORRUPÇÃO DE MENORES
182	16.8.	PROMOÇÃO DE MIGRAÇÃO LEGAL

183 17. CRIMES CONTRA A FAMÍLIA

183	17.1.	BIGAMIA
184	17.2.	INDUZIMENTO A ERRO ESSENCIAL E OCULTAÇÃO DE IMPEDIMENTO
185	17.3.	CONHECIMENTO PRÉVIO DE IMPEDIMENTO
186	17.4.	SIMULAÇÃO DE AUTORIDADE PARA CELEBRAÇÃO DE CASAMENTO
186	17.5.	SIMULAÇÃO DE CASAMENTO
187	17.6.	REGISTRO DE NASCIMENTO INEXISTENTE
187	17.7.	PARTO SUPOSTO. SUPRESSÃO OU ALTERAÇÃO DE DIREITO INERENTE AO ESTADO CIVIL DE RECÉM-NASCIDO
188	17.8.	ABANDONO MATERIAL

189	17.9.	ABANDONO INTELECTUAL (ART. 246) E ABANDONO MORAL (ART. 247)
191	**18.**	**CRIMES CONTRA A INCOLUMIDADE PÚBLICA**
191	18.1.	INCÊNDIO
193	18.2.	EXPLOSÃO
193	18.3.	EPIDEMIA
194	18.4.	INFRAÇÃO DE MEDIDA SANITÁRIA PREVENTIVA
195	**19.**	**CRIMES CONTRA A PAZ PÚBLICA**
195	19.1.	INCITAÇÃO AO CRIME (ART. 286) E APOLOGIA DE CRIME OU CRIMINOSO (ART. 287)
196	19.2.	ASSOCIAÇÃO CRIMINOSA (ART. 288) E CONSTITUIÇÃO DE MILÍCIA PRIVADA (ART. 288-A)
198	**20.**	**CRIMES CONTRA A FÉ PÚBLICA**
198	20.1.	NOÇÕES GERAIS
199	20.2.	FALSA MOEDA
200	20.3.	FALSIFICAÇÃO DE DOCUMENTO PÚBLICO
201	20.4.	FALSIFICAÇÃO DE DOCUMENTO PARTICULAR
202	20.5.	USO DE DOCUMENTO FALSO
202	20.6.	FALSA IDENTIDADE
203	**21.**	**CRIMES CONTRA A ADMINISTRAÇÃO PÚBLICA**
203	21.1.	NOÇÕES GERAIS
204	21.2.	PECULATO
207	21.3.	CONCUSSÃO
208	21.4.	CORRUPÇÃO PASSIVA
210	21.5.	PREVARICAÇÃO
210	21.6.	RESISTÊNCIA (ART. 329), DESOBEDIÊNCIA (ART. 330) E DESACATO (ART. 331)
212	21.7.	DESCAMINHO (ART. 334) E CONTRABANDO (ART. 334-A)
213	21.8.	CRIMES EM LICITAÇÕES E CONTRATOS ADMINISTRATIVOS
215	21.9.	CRIMES CONTRA A ADMINISTRAÇÃO DA JUSTIÇA
215	21.9.1.	**REINGRESSO DE ESTRANGEIRO EXPULSO**
216	21.9.2.	**DENUNCIAÇÃO CALUNIOSA (ART. 339)**
218	21.9.3.	**COMUNICAÇÃO FALSA DE CRIME OU DE CONTRAVENÇÃO**
218	21.9.4.	**AUTOACUSAÇÃO FALSA**
219	21.9.5.	**FALSO TESTEMUNHO OU FALSA PERÍCIA**
220	21.10.	CRIMES CONTRA AS FINANÇAS PÚBLICAS:
223	**22.**	**CRIMES CONTRA O ESTADO DEMOCRÁTICO DE DIREITO**

APRESENTAÇÃO

Em sua mais nova obra, o professor Geovane Moraes realiza um compilado de tudo o que é preciso para que os estudantes de graduação iniciem seu desenvolvimento dos estudos em Direito Penal.

Por ser um ramo do Direito Público, o Direito Penal não se estuda sozinho, se interligando a outros ramos do Direito e a outras ciências. Isso faz com que este guia seja de extrema utilidade para a orientação neste primeiro contato com a disciplina.

Nessa obra, será analisada a divisão do Direito Penal em *comum* e *especial*, sendo o primeiro direcionado a todas as pessoas, enquanto o segundo se destina a um grupo específico de sujeitos que estão em condições legalmente instituídas que lhe proporcionam uma jurisdição especial.

1. NOÇÕES INTRODUTÓRIAS

A primeira coisa que precisa ser alertada para iniciar o desenvolvimento dos estudos em Direito Penal é ter em mente que uma coisa é o **Direito Penal material**, este que vamos discorrer neste estudo; e, outra, é o **Direito Penal processual**, que será visto em capítulo próprio. Isto porque podemos ter diversos elementos de estudos do Direito Penal material sem haver a judicialização. Pare para pensar e relembre os fatos narrados nos jornais e no cotidiano, alguma cena de fato que você conseguiu atribuir a uma infração penal, mas que não houve a responsabilização penal. Para ter o *Jus Puniendi* o Estado precisa tomar conhecimento sobre a infração penal, seguir um devido processo legal e, aí, termos os institutos processuais. Mas, no nosso cotidiano, ouvimos ou vemos fatos que não chegam à fase judicial, fatos que a criminologia explica como cifras da criminalidade, contextos de crimes velados, acontecidos no seio de determinado lugar, tendo como comprovação apenas o sujeito ativo e a vítima, mas, nem sempre, a comunicação à autoridade competente ou à propositura da ação penal cabível. É possível nos depararmos com algumas outras nomenclaturas (também denominadas de "categorias do Direito Penal"), tais como **Direito Penal objetivo** (ou **Direito Penal substantivo**, conjunto de princípios e regras penais em vigor no ordenamento jurídico), **Direito Penal subjetivo** (ou **Direito Penal Adjetivo**, refere-se diretamente o direito de punir do Estado). Visualizaremos, ainda, a divisão do **Direito Penal em comum e especial**, sendo o primeiro direcionados a todas as pessoas (como as disposições do Código Penal, do Código de Trânsito Brasileiro, da Lei 11.343/2006, denomina Lei Antidrogas, entre outras), enquanto que o segundo se destina a um grupo específico de sujeitos que estão em condições legalmente instituídas, que lhe proporcionam uma jurisdição especial, como nos casos contidos no Código Penal Militar, na Lei dos crimes de responsabilidade (Lei nº 1.079/1950), entre outras. O Direito Penal, inclusive, cabe destacar aqui nestas primeiras linhas, é um ramo do Direito Público e isto significa que as regras são impostas a todos, de forma obrigatória, além de serem indisponíveis. Embora fracionemos nossos estudos, o Direito Penal não se estuda sozinho, ele se interliga a outros ramos do Direito e a outras ciências. Quando estudamos crimes contra a ordem tributária, por exemplo, vamos beber da fonte do Direito Tributário para explicar momento consumativo da infração penal, causa de extinção de punibilidade, entre outros. Quando analisamos os efeitos de uma sentença condenatória, podemos buscar lá no Direito Civil o dever de reparar o dano e a responsabilidade em indenizar a vítima. Vai ser lá no Direito Administrativo que buscaremos as explicações da tutela da Administração Pública. O Direito Constitucional vai nos estabelecer limites na aplicação do direito de punir estatal, fixando parâmetros, instituindo fundamentos, direitos e garantias.

E DE ONDE VEM O DIREITO PENAL? QUAL A SUA ORIGEM? SUA PROCEDÊNCIA?

Não tem como deixarmos de mencionar sobre as fontes do Direito Penal. A produção normativa do Direito Penal vem da **fonte material** (ou substancial ou de produção), cuja previsão legal é constitucional, disposta no art. 22, I, da CRFB/88, ou seja, compete privativamente à União poder legislar sobre matéria penal, mas cabe destacar que temos uma exceção, no parágrafo único do mesmo dispositivo, autorizando os Estados-membros a legislarem em questões específicas relacionadas ao Direito Penal, desde que lei complementar autorize. No âmbito das **fontes formais** (ou cognitivas ou de conhecimento), estas se caracterizam como instrumentos ou modos pelos quais o Direito Penal é revelado. Subdividem-se em fontes formais imediatas e fontes formais mediatas.

Somente a lei é fonte formal imediata do Direito Penal. Quanto às fontes formais mediatas temos a Constituição da República Federativa do Brasil, a Jurisprudência, os Tratados e convenções internacionais sobre Direitos Humanos, a doutrina, os costumes, os princípios e demais complementos da norma penal, tais como os atos administrativos.

E POR FALAR SOBRE ESSAS FONTES DO DIREITO PENAL, O QUE SÃO ESSAS FONTES?

Cabe-nos discorrer aqui sobre as **formas de interpretação da lei penal**. Chamamos a atenção a três aspectos: a interpretação extensiva, a interpretação analógica e a analogia. Alguns dispositivos da lei penal vão exigir de seu intérprete uma compreensão do texto que não está claro, necessitando que seja feita uma ampliação do significado de determinado conteúdo ou expressão para que possamos ter o sentido da norma. Este é o caso da **interpretação extensiva**, que pode ser vista, por exemplo, no art. 235 do Código Penal. Perceba que o legislador, ao estabelecer a figura do crime de bigamia, protegeu não apenas a forma bígama, mas também a forma poligâmica. Na **interpretação analógica** (e muito cuidado para não confundir com analogia, são institutos diferentes), também chamada de *intra legem*, o próprio legislador deixa claro ao intérprete que este necessitará entender que o dispositivo será utilizado para determinados casos e outros no mesmo sentido, que de forma genérica, foi citado. A exemplo disto, temos o clássico art. 121, §2º, I, que descreve a qualificadora de "mediante paga ou promessa de recompensa, ou por outro motivo torpe". O legislador menciona que mediante paga e a promessa de recompensa devem ser interpretadas como motivo torpe, mas que não são as únicas, e, sim, são espécies do gênero motivo torpe, cabendo, então, a interpretação analógica.

ANALOGIA E INTERPRETAÇÃO ANALÓGICA É A MESMA COISA?

A **analogia** não é forma interpretativa, mas, sim, integrativa da lei penal. Existirá a analogia quando a lei deixar lacuna e, para preencher esta, o intérprete buscar alguma forma de preenchimento. Não cabe, em regra. a aplicação da analogia no Direito Penal. Mas, como boa parte das regras possuem exceções, este é um dos casos. Não pode haver a aplicação da analogia dentro do Direito Penal, porque isto violaria o princípio da legalidade, mas, caso seja para beneficiar o réu e que, realmente, necessite do preenchimento lacunoso da lei, caberá a **analogia** *in bonam partem*, jamais *in malam partem*. Exemplo, no caso das escusas absolutórias, previstas no art. 181 do Código Penal, o legislador apenas previu o cabimento em razão de "do cônjuge, na constância da sociedade conjugal". Por óbvio, se utilizarmos da analogia para estender esta isenção de pena também nos casos de companheiro de união estável, em face da proteção constitucional inclusive, estaremos diante de uma analogia *in bonam partem*, perfeitamente cabível de ser integrada ao dispositivo legal. Está dentro da mesma temática, possibilita um benefício ao réu e, ainda, está em consonância com a contemporânea e constitucional visão de família. Não podemos compreender a aplicação da analogia, entretanto, ainda que cause benefício ao réu, se houver algum impedimento de disparidade entre os institutos, é o caso previsto no julgado: "Apelação em face da sentença que, julgando procedente a pretensão punitiva para condenar o réu às penas do art. 289, §1º, do Código Penal, teria aplicado a causa de diminuição prevista no art. 155, §2º, do Código Penal em analogia *in bonam partem*, reduzindo a pena em 1/3, fixando-a definitivamente em 02 (dois) anos de reclusão. (...) **A aplicação analógica não se faz possível porque os bens jurídicos tutelados são diferentes: fé pública no crime de moeda falsa (art. 289, §1º do CP) e patrimônio no crime de furto privilegiado (art. 155, §2º, do CP).** (...) (TRF-1 - APR: 00050283620104013814, Relator: DESEMBARGADOR FEDERAL

NÉVITON GUEDES, Data de Julgamento: 26/03/2018, QUARTA TURMA, Data de Publicação: 19/04/2018)" (grifos nossos).

É POSSÍVEL OLHARMOS PARA A LEI ONDE CONSTA UMA CONDUTA CONSIDERADA CRIMINOSA E COMPREENDÊ-LA TOTALMENTE?

Atente-se que nem sempre uma norma penal é compreensível em sua integralidade. Precisamos, por vezes, complementar um termo ou uma expressão na norma. A isto chamamos de **norma penal em branco**, que pode ser:

a. **Homogênea** ou norma penal em branco em sentido lato: quando o complemento do tipo penal incriminador provém de norma de categoria hierárquica idêntica. Exemplo: no art. 312 peculato, CP, o conceito de funcionário público para fins penais é extraído do art. 327, também do CP.

b. **Heterogênea** ou norma penal em branco em sentido estrito: é aquela onde o tipo penal incriminador é complementado por norma de hierarquia diversa.
Exemplo: Conceito de drogas na Lei 11.343/2006 (Poder Legislativo) baseia-se na Portaria 344/1998 MS (Poder Executivo)

c. **Revés, invertidas, ao avesso ou inversas**: é aquela na qual o preceito secundário do tipo penal incriminador se utiliza de outro preceito secundário para ser preenchido.
Exemplo: no art. 158, §3º, CP, temos que: "§ 3º Se o crime é cometido mediante a restrição da liberdade da vítima, e essa condição é necessária para a obtenção da vantagem econômica, a pena é de reclusão, de 6 (seis) a 12 (doze) anos, além da multa; se resulta lesão corporal grave ou morte, aplicam-se as penas previstas no art. 159, §§ 2º e 3º, respectivamente". Para ser qual a pena do art. 158, §3º, quando o resultado for lesão corporal ou morte, deverá ser observado o preceito secundário do art. 159, §§2º e 3º.

É importante lembrar que o direito penal adota o sistema dicotômico, compreendendo crimes (ou delitos, no direito brasileiro, são expressões sinônimas) e contravenções penais. Destaque que há algumas diferenças básicas entre as duas espécies de infração penal, a saber:

	Crimes	Contravenções
Aplicação da lei penal	Art. 5°, caput, e 7°, ambos do CP (territorialidade e extraterritorialidade da lei penal)	Art. 2°, LCP, aplica-se apenas às contravenções penais praticadas em território nacional
Tentativa	Punível (art. 14, II, CP)	Pode até existir, mas não se pune (art. 3°, LCP)
Tempo de cumprimento das penas	"O tempo de cumprimento das penas privativas de liberdade não pode ser superior a 40 (quarenta) anos" (art. 75, caput, CP, alterado pela lei 13.964, de 24 de dezembro de 2019)	A duração da pena de prisão simples não pode ser superior a 5 anos, em caso algum (art. 11, LCP)
Prazo mínimo das medidas de segurança	De um a três anos (art. 97, §1°, CP)	Mínimo de seis meses (art. 16, LCP)
Ação Penal	Podem ser ação penal de natureza pública (condicionada ou incondicionada) ou de iniciativa privada (art. 100, CP)	Ação penal de natureza pública incondicionada (art. 17, LCP) Atenção: art. 21, LCP, vias de fato, entendimento jurisprudencial no sentido de que é ação penal de natureza pública CONDICIONADA (analogia às regras da lesão corporal leve – art. 129, caput, CP e art. 88, da Lei 9099/95)

Agora imagine uma situação na qual uma pessoa sofre lesões corporais decorrentes de um abalroamento com veículo automotor. Qual dispositivo legal será aplicado: o crime de lesão corporal previsto no Código Penal ou no Código de Trânsito Brasileiro? Esta é fácil de entender e isto servirá para começarmos a dialogar, aqui, sobre o tema do **conflito aparente de normas penais**.

2. CONFLITO APARENTE DE NORMAS PENAIS

É O QUE ESSE TAL CONFLITO DE NORMAS PENAIS E POR QUE ELE É APARENTE?

Ocorre quando há duas ou mais normas incriminadoras descrevendo o mesmo fato. É aparente porque parece que as duas servirão para um caso em concreto, mas, na verdade, conseguimos resolver este conflito com uso de alguns mecanismos solucionadores.

QUE MECANISMOS SÃO ESTES?

Primeiro, é importante saber que temos vários mecanismos, mas vamos listar aqui os principais.

2.1. PRINCIPAIS MECANISMOS DE SOLUÇÃO

2.1.1. ESPECIALIDADE (OU ESPECIFICIDADE):

Lei especial prevalece sobre lei geral (*lex specialis derogat generali; semper specialia generalibus insunt; generi per speciem derogatur*). Por lei especial entenda como sendo aquela que contém elementos especializantes; a lei geral é a que contém elementos comuns.

2.1.2. PRINCÍPIO DA CONSUNÇÃO OU PRINCÍPIO DA ABSORÇÃO:

Crime mais amplo/grave, absorve crime menos amplo/menos gravoso. Hipóteses de cabimento:

a. Crime complexo ou crime composto: constitui a figura penal que compreende a junção de mais de um tipo penal incriminador. Ex.: o art. 157 pode ser compreendido com a junção dos art. 147 + art. 155 (todos do CP).

b. Crime progressivo: aquele em que, para atingir um fato penal mais gravoso, o agente passa por um tipo penal menos gravoso, no mesmo contexto fático. Ex.: agente que deseja, desde o início, conduta gravosa, mas, para atingi-la, pratica reiterados atos menos gravosos (sujeito que mata o outro mediante vários golpes de faca, em diversas regiões).

c. Progressão criminosa: agente que, inicialmente, pretende conduta menos gravosa, mas, ainda no iter criminis, resolver aumentar a intensidade de sua prática criminosa, ocasionando crime mais grave. Ex.: Vias de fato progrido no mesmo ato lesão corporal, que progrido no mesmo ato para homicídio.

d. Fatos impuníveis:

   d.1 Anteriores, prévios ou preliminares impuníveis. Ex. sujeito ativo do crime de roubo, que quebra o vidro do carro ao qual a vítima se encontra e puxa a bolsa no colo dela, mediante ameaça. Crime de dano absorvido (art. 163, *caput*, CP)

   d.2 Simultâneos ou concomitantes não puníveis. Ex. ferimentos leves causados nos crimes de estupro em face da própria conduta

   d.3 Fatos posteriores impuníveis. Ex.: o sujeito ativo do roubo ou do furto que vende os bens subtraídos (exaurimento não punível)

2.1.3. PRINCÍPIO DA SUBSIDIARIEDADE. *LEX PRIMARIA DEROGAT LEGI SUBSIDIARIE*: PODEMOS DESTACAR DOIS PRISMAS:

a. Subsidiariedade expressa ou explícita: a exclusão da norma subsidiária é mencionada na lei. Ex.: Art. 132 - Expor a vida ou a saúde de outrem a perigo direto e iminente: Pena - detenção, de três meses a um ano, **se o fato não constitui crime mais grave**.

b. Subsidiariedade tácita ou implícita: requer a análise da estrutura dos tipos penais em relação ao caso concreto, para configurar qual hipótese corresponde a forma mais grave de ofensa ao mesmo bem jurídico.
Ex. Art. 146 - Constranger alguém, mediante violência ou grave ameaça, ou depois de lhe haver reduzido, por qualquer outro meio, a capacidade de resistência, a não fazer o que a lei permite, ou a fazer o que ela não manda: Art. 213. Constranger alguém, mediante violência ou grave ameaça, a ter conjunção carnal ou a praticar ou permitir que com ele se pratique outro ato libidinoso. O art. 146 subsidiário em relação ao art. 213.

2.1.4. PRINCÍPIO DA ALTERNATIVIDADE:

Este princípio corresponde a situações com duas ou mais situações possíveis no mesmo fato, disponíveis no mesmo dispositivo legal. São as chamadas infrações penais de tipos mistos alternativos, de ação múltipla ou de conteúdo variável, quer seja quanto à conduta, ao modo de execução do crime, ao objeto material, ao resultado naturalístico a ser atingido, às circunstâncias de tempo, às circunstâncias de lugar etc.

a. **quanto à conduta**
Ex. Porte ilegal de arma de fogo de uso permitido
Lei 10.826/2003. Art. 14. Portar, deter, adquirir, fornecer, receber, ter em depósito, transportar, ceder, ainda que gratuitamente, emprestar, remeter, empregar,

manter sob guarda ou ocultar arma de fogo, acessório ou munição, de uso permitido, sem autorização e em desacordo com determinação legal ou regulamentar. (grifos nossos)
b. quanto ao modo de execução do crime
Ex. Homicídio qualificado
CP. Art. 121, § 2° Se o homicídio é cometido:
(...) III - com emprego de veneno, fogo, explosivo, asfixia, tortura ou outro meio insidioso ou cruel, ou de que possa resultar perigo comum; (grifos nossos)
c. quanto ao objeto material do crime
Ex. Escrito ou objeto obsceno
CP. Art. 234 - Fazer, importar, exportar, adquirir ou ter sob sua guarda, para fim de comércio, de distribuição ou de exposição pública, escrito, desenho, pintura, estampa ou qualquer objeto obsceno. (grifos nossos)
d. quanto ao resultado naturalístico a ser atingido
Ex. Lesão corporal de natureza grave
CP. Art. 129 (...) § 1° Se resulta:
(...) III - debilidade permanente de membro, sentido ou função;
§ 2° Se resulta:
(...) III perda ou inutilização do membro, sentido ou função; (grifos nossos)
e. circunstâncias de tempo
Ex. Infanticídio
CP. Art. 123 - Matar, sob a influência do estado puerperal, o próprio filho, durante o parto ou logo após. (grifos nossos)
f. circunstâncias de lugar
Ex. Ato obsceno
CP. Art. 233 - Praticar ato obsceno em lugar público, ou aberto ou exposto ao público. (grifos nossos)

3. PRINCÍPIOS DO DIREITO PENAL

Os princípios, em Direito Penal, são didaticamente divididos em quatro blocos: a) os princípios em relação à missão fundamental do Direito Penal (neste bloco contido o princípio da exclusiva proteção dos bens jurídicos; o princípio da ofensividade; o princípio da intervenção mínima; o princípio da fragmentariedade; o princípio da insignificância; e o princípio da subsidiariedade); b) os princípios relacionados ao fato produzido pelo agente (compreende o princípio da exteriorização ou materialização do fato; princípio da Legalidade e seus desdobramentos; e princípio da ofensividade ou da lesividade); c) os princípios relacionados ao agente que produz o fato [contém o princípio da responsabilidade pessoal; princípio da responsabilidade subjetiva (existência de voluntariedade; dolo/culpa); princípio da culpabilidade; princípio da isonomia; princípio da presunção de inocência]; e d) os princípios relacionados à pena ou às formas de sanções penais, de forma mais ampla [princípio da dignidade da pessoa humana; princípio da individualização da pena (fases legislativa, judiciária e executória); princípio da proporcionalidade; princípio da pessoalidade (salvo art. 5º, XLV, CRFB/88); princípio da vedação do "bis in idem"].

Podemos destacar os seguintes:

a. **o princípio da exclusiva proteção dos bens jurídicos**: não são todos os bens jurídicos que terão a proteção do Direito Penal, os pensamentos das pessoas, por exemplo, não constituem fato punível, isto porque apenas os bens jurídicos fundamentais à preservação e desenvolvimento da pessoa humana e da sociedade, como um todo, terão abrigo do Direito Penal;

b. **princípio da intervenção mínima**: com respaldo constitucional de forma implícita, este princípio aponta que o Direito Penal seja chamado para intervir apenas nas situações de necessidade e de indispensabilidade, em *ultima ratio*. Ou seja, quando os outros ramos do Direito não forem suficientes ao proteger os bens jurídicos de maior relevância à convivência social. Em razão disto, duas características se destacam do princípio da intervenção mínima, quais sejam: a fragmentariedade (se olharmos para todos os ilícitos, de forma geral, nem tudo será considerado ilícito penal; mas os ilícitos penais estão contidos nos ilícitos gerais, de tal forma que, cada valor fundamental à sociedade, que incida sob um determinado bem jurídico estritamente relevante, poderá ter a tutela penal; do caráter fragmentário do Direito Penal desdobra-se o princípio da insignificância) e a subsidiariedade (reflete o Direito Penal como *ultima ratio*, devendo intervir, primeiro, os demais ramos do Direito).No entendimento do STJ, "(...) de acordo com o princípio da exclusiva proteção de bens jurídicos, não cabe ao Direito Penal, como *ultima ratio*, tutelar valores puramente morais ou éticos. Segundo o princípio da ofensividade, para a tipificação do crime, é necessário o dano, ou mesmo o perigo de dano, ao bem jurídico tutelado pela norma penal (...). (STJ - HC: 573602 SC 2020/0088139-4, Relator: Ministro SEBASTIÃO REIS JÚNIOR, Data de Publicação: DJ 24/04/2020)".

c. **princípio da Insignificância (requisitos/vetores STF)**: afasta a tipicidade material da infração penal, desde que, cumulativamente, preencham-se os requisitos/vetores instituídos pelo STF, quais sejam:

- mínima ofensividade da conduta,
- nenhuma periculosidade social da ação,
- reduzidíssimo grau de reprovabilidade do comportamento e
- inexpressividade da lesão jurídica provocada.

Superior Tribunal de Justiça orienta:

- observância da importância do objeto material para vítima (considerando sua condição econômica, o valor sentimental do bem, as circunstâncias e o resultado do crime)

Quanto ao réu reincidente (doutrina e jurisprudência não são unânimes), STJ vem entendendo pela aplicação quando o princípio for "socialmente recomendável" no caso concreto.

Vale salientar que, em alguns casos, não é possível a aplicação do princípio da insignificância. Vejamos:

- Furto qualificado, mediante análise das circunstâncias no caso concreto (há jurisprudência atual informando ser possível a aplicação, de acordo com a análise de cada caso);
- Contrabando (art. 334 CP) (obs.: cabe aos casos de descaminho, até 20 mil reais, se não houver reiteração criminosa, exceto se, no caso concreto, a medida for socialmente recomendável;

Atenção: o STJ, em alguns precedentes, admite, de forma excepcional, a aplicação do princípio para o caso de contrabando de pequena quantidade de medicamento para uso próprio.

- Estelionato contra o INSS (art. 171, §3º CP – estelionato previdenciário);
- Estelionato envolvendo FGTS;
- Estelionato envolvendo seguro-desemprego;
- Posse/porte de drogas para consumo pessoal (art. 28, Lei 11343/06) (entendimento não unânime por doutrina e jurisprudência);
- Crimes ou contravenções penais praticados contra pessoa de gênero feminino no âmbito das relações domésticas (Súmula STJ 589);
- Lesão corporal

d. Princípio da exteriorização ou materialização do fato (*nullum crimen sine actio*): não cabe ao Estado incriminar condutas humanas involuntárias situadas exclusivamente no psicológico do agente. Daí a não punição pela fase do iter *criminis* da COGITAÇÃO. Para haver a punição, necessário ter, ao menos, uma conduta materializada no mundo dos fatos e exterior ao sujeito ativo.

e. princípio da ofensividade ou da lesividade (*nullum crimen sine iniuria*): conforme este princípio, para que o fato praticado seja abarcado pela proteção não pode ocorrer lesão ou perigo de lesão ao bem jurídico tutelado. Atenção aos crimes de perigo, que visam a tutela penal para evitar uma situação mais gravosa, caso o dano seja causado.

Os crimes de perigo podem ser:

- de perigo abstrato: perigo abstratamente previsto em lei.
- de perigo concreto: o perigo deve ser real, concreto, comprovado.

f. princípio da pessoalidade, da personalidade, da intransmissibilidade, da intranscendência ou da responsabilidade pessoal: art. 5º, XLV, CF - nenhuma pena passará da pessoa do condenado, podendo a obrigação de reparar o dano e a decretação do perdimento de bens ser, nos termos da lei, estendidas aos sucessores e contra eles executadas, até o limite do valor do patrimônio transferido. Necessidade de conhecimentos das circunstâncias do fato para incidência da responsabilidade penal, exemplo: conhecimento de gestação para incidência da qualificadora no crime de lesão corporal grave por aceleração de parto ou gravíssima, por aborto.

g. princípio da isonomia:

- ou princípio da igualdade material: Forma de atribuição do tratamento isonômico, respeitando as peculiaridades, desde que não cause discriminação e

privilegiamento de um só indivíduo; que a desigualação se refira a um traço diferenciado entre pessoas ou situações; haja pertinência de vinculação a interesses constitucionalmente protegidos, com o fim de proteção de bem público.
- ou princípio da igualdade formal: Todos são iguais perante a lei, sem distinção de qualquer natureza (art. 5, caput, CF).

h. **princípio da culpabilidade:** não há crime sem culpabilidade (*nullum crimen sine culpa*)

Triplo aspecto:

1. Fundamento da pena = caracteriza juízo de reprovação;
2. Elemento de mensuração da pena = circunstância judicial analisada na dosimetria penal;
3. Característica contrária à responsabilidade objetiva = necessário que o fato causado enseje dolo (intenção de cometer o crime) ou culpa (violação de um dever de cuidado).

i. **princípio da presunção de inocência x princípio da não culpabilidade:** "ninguém será considerado culpado até o trânsito em julgado de sentença penal condenatória" (artigo 5º, inciso LVII, CRFB/88). Possui raízes nos diplomas internacionais:

- Declaração de direitos do homem e do cidadão – 1789: Art. 9º. Todo acusado é considerado inocente até ser declarado culpado e, se julgar indispensável prendê-lo, todo o rigor desnecessário à guarda da sua pessoa deverá ser severamente reprimido pela lei.
- Declaração Universal dos Direitos Humanos da ONU (1948) consagrou o princípio da presunção de inocência ao estabelecer que "toda pessoa acusada de delito tem direito a que se presuma sua inocência, enquanto não se prova sua culpabilidade, de acordo com a lei e em processo público no qual se assegurem todas as garantias necessárias para sua defesa" (art. 11)"

É possível vislumbrar este princípio, também, previsto no art. 283, do CPP: ninguém poderá ser preso senão em flagrante delito ou por ordem escrita e fundamentada da autoridade judiciária competente, em decorrência de prisão cautelar ou em virtude de condenação criminal transitada em julgado. (Redação dada pela Lei nº 13.964, de 2019).

Vale destacar que, de acordo com entendimento mais recente, conforme informativo 958 do STF, o entendimento atual é de que é proibida a execução provisória da pena. Tal decisão altera entendimento anterior da Suprema Corte, que permitia a execução provisória.

j. **princípio da individualização da pena**, que ocorre em três etapas: fase legislativa; fase judicial; fase de execução.
l. **princípio da proporcionalidade** ou proibição do excesso, cabendo uma tríplice dimensão em sua observação:
- necessidade,
- adequação e
- proporcionalidade (em sentido estrito).

m. **princípio da vedação do *bis in idem*** ou vedação da dupla incriminação do réu pelo menos fato, previsto, inicialmente, no Pacto Internacional dos Direitos Civis e Políticos, aprovado pela Assembléia-Geral da Organização das Nações Unidas em 16.12.1966, que ingressou em adesão brasileira em 1992. A cláusula 7 de seu artigo 14 estabelece que "Ninguém poderá ser processado ou punido por um delito pelo qual já foi absolvido ou condenado por sentença passada em julgado, em conformidade com a lei e com os procedimentos penais de cada país".

A Convenção Americana de Direitos Humanos (Pacto de São José da Costa Rica) assinada em 22.11.1969, e, ratificada e promulgada pelo Brasil por meio do Decreto n. 678, de 6.11.1992. A cláusula 8ª da Convenção, que trata das garantias judiciais, em seu item 4 estabelece que "o acusado absolvido por sentença transitada em julgado não poderá ser submetido a novo processo pelos mesmos fatos".

n. princípio da legalidade: conforme previsto no art. 1º, do CP, "não há crime sem lei anterior que o defina. não há pena sem prévia cominação legal". São desdobramentos deste princípio:

- **não há crime ou pena sem lei** (vale destacar que Medida Provisória não pode criar crime ou cominar pena);
- **não há crime ou pena sem lei anterior** (princípio da anterioridade);
- **não há crime ou pena sem lei escrita;**
- **não há crime ou pena sem lei estrita** (proibição de analogia para criar tipo incriminador);
- **não há crime ou pena sem lei certa** (representa o princípio da taxatividade ou da determinação);
- **não há crime ou pena sem lei necessária** (decorre do princípio da intervenção mínima do Direito Penal).

Quanto à competência para legislar sobre direito penal, vejamos:

> Art. 22. Compete privativamente à União legislar sobre:
> I - direito civil, comercial, penal, processual, eleitoral, agrário, marítimo, aeronáutico, espacial e do trabalho; (...)
> Parágrafo único. Lei complementar poderá autorizar os Estados a legislar sobre questões específicas das matérias relacionadas neste artigo.

Perceba, então, que é possível o estado, se autorizado por lei complementar, legislar sobre questão específica.

o. princípio da fragmentariedade: Apenas ilícitos que atentem contra os valores fundamentais terão relevância ao ramo do Direito Penal. **Fragmentariedade às avessas**: situação inicialmente típica, mas que deixa de interessar ao Direito Penal, sem prejuízo de continuar aos demais ramos do Direito.

4. LEI PENAL NO TEMPO

Regra: princípio do *tempus regit actum*, ou seja, a lei penal que estava em vigor na época do fato praticado. Adota-se a **teoria da atividade**, a qual aponta que lei penal a ser aplicada é a do tempo da ação ou da omissão.

O instituto está disciplinado no art. 4º, do CP:

> Art. 4º - Considera-se praticado o crime no momento da ação ou omissão, ainda que outro seja o momento do resultado. (Redação dada pela Lei nº 7.209, de 1984)

É possível falarmos, ainda, de outras duas teorias a respeito da lei penal no tempo. A teoria do resultado, que considera praticado o crime no momento de obtenção do resultado delitivo; e a teoria da ubiquidade ou teoria mista, que considera praticado o crime no momento da conduta por ação ou por omissão, ou no momento do resultado. Ambas não são adotadas no ordenamento penal pátrio.

QUAIS SÃO AS PRINCIPAIS IMPLICAÇÕES SOBRE ESTE TEMA DE LEI PENAL NO TEMPO, NA APLICAÇÃO DA LEI PENAL?

Há alguns desdobramentos sobre o tema em análise, que se refere à **sucessão de leis penais no tempo**, compreendendo cinco principais institutos:

a. *abolitio criminis*: que é uma causa de extinção de punibilidade (art. 107, inciso III, do CP) e representa lei posterior que suprima a figura criminosa, formal e materialmente, presente no art. 2º do Código Penal:

> Art. 2º - Ninguém pode ser punido por fato que lei posterior deixa de considerar crime, **CESSANDO** em virtude dela a **EXECUÇÃO** e os **EFEITOS PENAIS** da sentença condenatória. (destaques nossos)

Ou seja, se algo deixa de ser crime, quem tinha sido condenado e, com isso, iria sofrer os efeitos da reincidência, volta a ser primário, como se nunca tivesse recebido uma pena; também quem estaria respondendo a inquérito policial ou processo penal, estes seriam arquivados/extintos, porque o Estado não poderia mais aplicar o *jus puniendi*.

O adultério era crime até 2005, pelo nosso Código Penal. Em 2005, uma lei nova foi incorporada no ordenamento jurídico, constando que o fato do adultério não seria mais punível penalmente. Os efeitos civis permaneceram, mas ninguém mais poderia responder criminalmente por adultério, porque a lei penal de 2005 em diante não considera mais esta conduta como crime.

Cuidado com a incidência do **princípio da continuidade típico-normativa**, em que o dispositivo é revogado, mas a conduta ali contida é realocada em outro tipo penal. A conduta permanece como sendo criminosa, mas é incorporada em outro artigo. Apenas haverá o abolitio criminis se presentes dois requisitos básicos:

1. Com a revogação formal do tipo penal; e
2. Supressão material do fato criminoso.

b. *novatio legis incriminadora*: consiste na tipificação de nova conduta penal antes não prevista no ordenamento jurídico.

c. *novatio legis in pejus*: também chamada de *lex gravior*, configura a lei posterior que de qualquer modo agrava a situação do agente. Somente será aplicada aos fatos praticados a partir de sua vigência. Segundo entendimento do STJ, "a *novatio legis in pejus* não pode retroagir para prejudicar o réu atingindo com maior rigor situação fática anterior à sua vigência (art. 5°, inciso XL da *Lex Fundamentalis*)" (STJ. HC 155024 / RS. Rel. Min. Felix Fischer. T5. DJe 02/08/2010). A exceção desta regra é o que expressa a súmula a seguir:

Súmula STF 711: A lei penal mais grave aplica-se ao crime continuado ou ao crime permanente, se a sua vigência é anterior à cessação da continuidade ou da permanência.

Esse entendimento serve tanto para aplicar a lei nova ao crime continuado ou permanente, se a sua vigência é anterior à cessação da continuidade ou da permanência, quanto para fins de aplicação quanto à maioridade penal. Se o indivíduo com dezessete anos de idade pratica ato infracional análogo ao crime de extorsão mediante sequestro e, ainda na permanência da conduta, completa dezoito anos de idade, ter-se-á a aplicação da lei penal e o afastamento do Estatuto da Criança e do Adolescente, tendo em vista que a situação se deu em crime permanente.

Recente alteração legislativa, trazida pelo denominado pacote anticrime, a lei 13.964/2019, trouxe, a título de exemplo, a ampliação do tempo máximo de cumprimento da pena privativa de liberdade (PPL). Até o dia anterior à vigência desta lei, 22.01.2020, o prazo era de 30 anos. Com a vigência das alterações do pacote anticrime, o prazo passou a ser de 40 anos. Quem tenha praticado conduta penal antes da vigência do pacote anticrime terá seu tempo máximo de PPL fixado em 30 anos. Aos indivíduos que praticaram conduta penal após a vigência da lei 13.964/2019, terão a incidência de todas as alterações trazidas ao ordenamento jurídico por esta nova lei, em razão do princípio do *tempus regit actum*.

d. *novatio legis in mellius*: lei penal mais benéfica retroage para beneficiar o réu. Conforme entendimento do STJ, a "*novatio legis in mellius* que, em razão do princípio da retroatividade da lei penal menos gravosa, alcança a situação pretérita do paciente, beneficiando-o (...). Por se tratar de novatio legis in mellius, nada impede que, em razão do princípio da retroatividade da lei penal menos gravosa, ela alcance a situação pretérita do paciente, beneficiando-o". (STF. HC 114149/MS. Rel. Dias Toffoli. 1ª T. Julg em 13/11/2012).

É a retroatividade de lei penal mais benéfica, exceção do princípio do *tempus regit actum*, que está prevista no parágrafo único, do art. 2º, do CP:

> Parágrafo único - A **lei posterior**, que de qualquer modo **favorecer o agente, aplica-se aos fatos anteriores, ainda que decididos por sentença condenatória** transitada em julgado. (grifos nossos)

Aqui a lei que entra em vigor, mesmo depois que o crime tenha acontecido, pode voltar à época do fato que está sendo analisado para beneficiar o réu. A aplicação da lei penal mais benéfica dependerá da fase em que se encontra o processo. Caso ainda não tenha sido prolatada a sentença, incumbirá ao juízo sentenciante. Se houver trânsito em julgado, o entendimento sumular do STF é no sentido:

> **Súmula STF 611:** Transitada em julgado a sentença condenatória, compete ao juízo das execuções a aplicação de lei mais benigna.

E EXISTE ALGUMA SITUAÇÃO EM QUE A LEI TEM PRAZO CERTO PARA VIGORAR?

Há situações que a lei penal só vai ter validade por um certo tempo predeterminado na lei, como, por exemplo, durante o período da copa de futebol do brasil (como existiu a lei 12.663/2012). Assim como tem lei que vai valer apenas em face de alguma situação de calamidade ou situação anormal. É o que chamamos de **lei penal temporária ou excepcional**.

E O QUE É A LEI PENAL TEMPORÁRIA E A LEI PENAL EXCEPCIONAL? O QUE DIFERENCIA UMA DA OUTRA?

Lei temporária e lei excepcional: a lei temporária (também chamada de lei temporária em sentido estrito) é aquela que tem prazo determinado de vigência, foi instituída por certo e determinado lapso temporal de vigência; a lei excepcional (lei temporária em sentido amplo) é aquela promulgada para vigorar em situações anormais, tendo sua vigência estabelecida em conformidade com a duração dessa circunstância emergencial que a criou. Estão previstas no art. 3º do CP: "a lei excepcional ou temporária, embora decorrido o período de sua duração ou cessadas as circunstâncias que a determinaram, aplica-se ao fato praticado durante sua vigência" (ultratividade). São espécies do gênero leis autorrevogáveis (ou intermitentes, pois, encerrado o prazo ou a situação de anormalidade, a lei é revogada automaticamente; aplica-se ao fato realizado durante a sua vigência, mesmo após revogada).

A **ultratividade da lei penal** acontece quando a lei penal posterior é mais gravosa, ocasião em que a lei penal mais benéfica é a da época da conduta, embora não mais vigente, entretanto, continuará além do seu tempo de vigência. Também acontece nos casos de **lei penal temporária ou excepcional**.

Vale destacar que não cabe a combinação de leis penais, também chamada de proibição da *lex tertia*, ou seja, o julgador, em análise de um caso concreto, utilizar parte da lei vigente à época dos fatos com parte de lei nova. É o que diz a Súmula 501, do STJ: "É cabível a aplicação retroativa da Lei 11.343/2006, desde que o resultado da incidência das suas disposições, na íntegra, seja mais favorável ao réu do que o advindo da aplicação da Lei n. 6.368/1976, sendo vedada a combinação de leis".

5. LEI PENAL NO ESPAÇO

AGORA QUE FICOU CLARO O MOMENTO EM QUE SE APLICA A LEI PENAL, A DÚVIDA É: E ONDE ELA VAI VALER? NO BRASIL TODO? PODE APLICAR EM OUTRO ESPAÇO QUE NÃO SEJA O BRASIL?

A aplicação da lei penal no espaço leva em consideração o princípio da soberania, que se refere à supremacia do poder brasileiro, não apenas um princípio, mas também uma norma constitucional. É decorrência da soberania o princípio da territorialidade, porém, não plena, conforme previsão do diploma penal:

> **Art. 5º do CP** - Aplica-se a lei brasileira, sem prejuízo de convenções, tratados e regras de direito internacional, ao crime cometido no território nacional.

Temos, então, a regra da aplicação da lei penal do espaço, pelo **princípio da territorialidade temperada ou mitigada**, cujas exceções desdobram-se em intraterritorialidade e extraterritorialidade.

O território nacional divide-se em:

a. território brasileiro propriamente dito (ou físico);
b. território brasileiro por extensão (ou por abstração jurídica).

O conceito de território brasileiro propriamente dito (ou físico) é composto pela área continental + ilhas + mar territorial + espaço aéreo nacional.

> **Mar territorial. Lei 8617/93. Art. 1º** O mar territorial brasileiro compreende uma faixa de doze milhas marítima de largura, medidas a partir da linha de baixa-mar do litoral continental e insular, tal como indicada nas cartas náuticas de grande escala, reconhecidas oficialmente no Brasil.

Espaço aéreo brasileiro (princípio da soberania mediante a coluna atmosférica). **Art. 11 da lei 7565/86** – Código Brasileiro de Aeronáutica - O Brasil exerce completa e exclusiva soberania sobre o espaço aéreo acima de seu território e mar territorial. **Art. 2º da lei 8617/93** - A soberania do Brasil estende-se ao mar territorial, ao espaço aéreo sobrejacente, bem como ao seu leito e subsolo.

ENTÃO, A LEI PENAL MATERIAL BRASILEIRA SÓ PODE SER APLICADA NESSES ESPAÇOS TERRITORIAIS?

Não apenas esses, mas também no território brasileiro por extensão (ou por abstração jurídica) que compreende **embarcações e aeronaves**, que se encontrem nas situações descritas no §1º, do art. 5º, do CP: "para os efeitos penais, consideram-se como extensão do território nacional as embarcações e aeronaves brasileiras, de natureza pública ou a serviço do governo brasileiro onde quer que se encontrem, bem como as aeronaves e as embarcações brasileiras, mercantes ou de propriedade privada, que se achem, respectivamente, no espaço aéreo correspondente ou em alto-mar".

Quanto às aeronaves e às embarcações estrangeiras, se de propriedade privada e estiverem em pouso, no território nacional, ou em voo, no espaço aéreo correspondente, e estas em porto ou mar territorial do Brasil, também será aplicável a lei brasileira aos crimes praticados a bordo (art. 5º § 2º do CP).

A extraterritorialidade da lei penal está prevista no art. 7º do CP e pode ser incondicionada, condicionada ou hipercondicionada:

> Art. 7º - Ficam sujeitos à lei brasileira, embora cometidos no estrangeiro:
> I (**INCONDICIONADA**) - os crimes:
> a) contra a **vida** ou a **liberdade** do Presidente da República (**Princípio da Defesa ou Real**);

b) contra o **patrimônio** ou a **fé pública** da União, do Distrito Federal, de Estado, de Território, de Município, de **empresa pública, sociedade de economia mista, autarquia ou fundação** instituída pelo Poder Público (**Princípio da Defesa ou Real**);
c) contra a **administração pública**, por quem está a seu serviço (**Princípio da Defesa ou Real**);
d) de **genocídio**, quando o **agente for brasileiro ou domiciliado no Brasil** (Princípio da Justiça Universal);
II (**CONDICIONADA**) - os crimes:
a) que, por **tratado ou convenção, o Brasil se obrigou a reprimir** (Princípio da Justiça Universal);
b) **praticados por brasileiro** (**Princípio da Nacionalidade Ativa**);
c) praticados em aeronaves ou embarcações brasileiras, **mercantes ou de propriedade privada**, quando **em território estrangeiro e aí não sejam julgados** (Princípio da Representação).
§ 1º - Nos casos do inciso I (**INCONDICIONADA**), o agente **punido segundo a lei brasileira, ainda que absolvido ou condenado no estrangeiro** (possibilidade de dupla condenação pelo mesmo fato)
§ 2º - Nos casos do inciso II (**CONDICIONADA**), a aplicação da lei brasileira depende do concurso das seguintes **condições**:
a) **entrar** o agente no **território nacional**;
b) ser o **fato punível** também **no país em que foi praticado**;
c) estar o crime incluído entre aqueles pelos quais a lei brasileira **autoriza a extradição**;
d) **não ter sido** o agente **absolvido** no estrangeiro ou **não ter aí cumprido a pena**;
e) **não ter sido** o agente **perdoado** no estrangeiro ou, por outro motivo, **não estar extinta a punibilidade**, segundo a lei mais favorável.
§ 3º - A lei brasileira aplica-se também ao **crime cometido por estrangeiro contra brasileiro fora do Brasil**, se, reunidas as condições previstas no parágrafo anterior: (**HIPERCONDICIONADA**)
a) **não foi pedida ou foi negada a extradição**;
b) houve **requisição do Ministro da Justiça**.
(grifos e informações quanto a forma de extraterritorialidade e princípios correlatos nossos)

Vamos resumir a aplicação da lei brasileira nos casos de embarcação ou aeronave:

EMBARCAÇÃO OU AERONAVE	Território Nacional	Território Estrangeiro	Alto mar ou espaço aéreo correspondente
Nacional, pública ou a serviço de governo nacional brasileiro	Aplica	Aplica	Aplica
Mercante ou particular, nacional	Aplica	Não aplica	Aplica
Pública estrangeira	Não aplica	Não aplica	Não aplica
Mercante ou particular estrangeira	Aplica	Não aplica	Não aplica

Fique atento! Existe o **DIREITO DE PASSAGEM INOCENTE**.

LEI 8.617/1973, Art. 3º: É reconhecido aos navios de todas as nacionalidades o direito de passagem inocente no mar territorial brasileiro.

§ 1º A passagem será considerada inocente desde que não seja prejudicial à paz, à boa ordem ou à segurança do Brasil, devendo ser contínua e rápida.

§ 2º A passagem inocente poderá compreender o parar e o fundear, mas apenas na medida em que tais procedimentos constituam incidentes comuns de navegação ou sejam impostos por motivos de força ou por dificuldade grave, ou tenham por fim prestar auxílio a pessoas a navios ou aeronaves em perigo ou em dificuldade grave.

§ 3º Os navios estrangeiros no mar territorial brasileiro estarão sujeitos aos regulamentos estabelecidos pelo Governo brasileiro.

Não confunda espaço onde se aplica a lei penal com lugar do crime. Quando dentro do território nacional, mas, se o fato for praticado em mais de uma comarca, a regra é

Art. 6º, CP- Considera-se praticado o crime no lugar em que ocorreu a ação ou omissão, no todo ou em parte, bem como onde se produziu ou deveria produzir-se o resultado.

O Código Penal adota a teoria da ubiquidade, também chamada de teoria mista, em que se considera praticado o crime no lugar da conduta ou do resultado.

Também temos outras duas teorias a respeito deste tema. A teoria da atividade, em que o crime se considera praticado no lugar da conduta; e a teoria do resultado, em que o crime se considera praticado no lugar do resultado. Ambas não são adotadas no ordenamento penal pátrio.

Para não confundir as teorias de lei penal no tempo e de lugar do crime, vale sempre a pena lembrar o mnemônico abaixo:

L	ugar do crime, teoria da
U	biquidade ou mista
T	empo do crime, teoria da
A	tividade

6. CONTAGEM DE PRAZO

EXISTE CONTAGEM DE PRAZO COMO FAZEMOS NO PROCESSO PENAL? ALIÁS, O PRAZO EM DIREITO PENAL MATERIAL É DA MESMA DE CONTAGEM DO PROCESSO PENAL?

Prazos penais são **improrrogáveis**. Aplicam-se aos institutos de duração de pena, do *sursis*, do livramento condicional, da prescrição, da decadência etc.

Art. 10 - O dia do começo inclui-se no cômputo do prazo. Frações não computáveis da pena.

Art. 11 - Desprezam-se, nas penas privativas de liberdade e nas restritivas de direitos, as frações de dia, e, na pena de multa, as frações de cruzeiro.

Para a contagem do prazo penal material inclui-se o dia do começo e exclui-se o dia final. Contam-se os dias, os meses e os anos pelo calendário comum.

7. TEORIA GERAL DO CRIME

7.1. CONCEITO DE CRIME

FALAMOS TANTO ATÉ AGORA DE DIREITO PENAL QUE VISA ESTUDAR AS INFRAÇÕES PENAIS E SUAS CONSEQUENTES RESPONSABILIDADES JURÍDICAS, MAS O QUE É O CRIME?

A doutrina majoritária e os Tribunais Superiores adotam o **conceito analítico de crime** (prevalecendo o **conceito tripartido**), que compreende ser composto por conduta típica (fato típico), que contraria o direito (fato antijurídico) e sujeita a um juízo de reprovabilidade social sobre autor e o seu fato praticado (agente culpável ou culpabilidade).

7.2. FATO TÍPICO

ENTÃO O PRIMEIRO ELEMENTO É O FATO TÍPICO, QUE QUER DIZER O QUÊ?

Em regra, é o fato que decorre de um ato omissivo ou comissivo humano (há o entendimento majoritário que também pode ser da pessoa jurídica, nos crimes ambientais, posicionamento também adotado pelo STF) e amolda-se a um tipo descrito na legislação.

Para a configuração do fato típico, necessitamos compreender a presença integral de alguns elementos. Ao todo, podemos falar que existem quatro requisitos (conduta, nexo causal, resultado naturalístico e tipicidade), mas a presença dos quatro só acontecerá, via de regra, nos crimes materiais (ou crimes causais ou crimes de resultados) consumados. Há ausência dos requisitos nexo causal e resultado nos crimes formais (ou crimes de consumação antecipada ou de resultado cortado), de mera conduta (ou de simples atividade) e materiais na forma tentada.

Com relação ao elemento **conduta**, o Código Penal brasileiro adota a teoria finalista (conforme corrente majoritária), idealizada por Hans Welzel, o qual entende que a ação ou a omissão deve ser volitiva e consciente, destinada a uma determinada finalidade. Para esta teoria, o dolo e a culpa são inseparáveis da conduta típica. A conduta por ser por uma ação, um agir (**crime comissivo**) ou por uma omissão (crime omissivo). Nesta última hipótese, a **conduta omissiva** divide-se em:

a. **omissão própria (omissivo puro)**: a omissão, a conduta negativa, está descrita no próprio tipo penal; não admite tentativa; crime unissubsistente. Exemplo: art. 135, CP: Deixar de prestar assistência, quando possível fazê-lo sem risco pessoal, à criança abandonada ou extraviada, ou à pessoa inválida ou ferida, ao desamparo ou em grave e iminente perigo; ou não pedir, nesses casos, o socorro da autoridade pública: Pena - detenção, de um a seis meses, ou multa.

b. **omissão imprópria (omissivo impuro, espúrio ou comissivo por omissão)**: a conduta do tipo penal descreve uma ação, porém, nos moldes do citado artigo, o descumprimento deste agir leva à produção do resultado (art. 13, §2°, CP); admite tentativa; crime plurissubsistente. Art. 13, §2°, CP: A **omissão é penalmente relevante** quando o omitente devia e podia agir para evitar o resultado. O dever de agir incumbe a quem: (Incluído pela Lei n° 7.209, de 11.7.1984) a) tenha por lei obrigação de cuidado, proteção ou vigilância; (Incluído pela Lei n° 7.209, de 11.7.1984); b) de outra forma, assumiu a responsabilidade de impedir o resultado; (Incluído pela Lei n° 7.209, de 11.7.1984); c) com seu comportamento anterior, criou o risco da ocorrência do resultado. (Incluído pela Lei nº 7.209, de 11.7.1984).

TUDO QUE TIVER UMA AÇÃO OU OMISSÃO QUE SE ENCAIXE EM UMA CONDUTA PENAL SERÁ CONSIDERADO CONDUTA PARA FINS DO ELEMENTO FATO TÍPICO?

Não, temos situações que o fato praticado não poderá ser considerado conduta típica, por ausência de voluntariedade e/ou consciência, a isto denominamos **causas de ausência/ exclusão de conduta**:

- **Atos reflexos**: são movimentos puramente somáticos, determinado por estímulos dirigidos diretamente ao sistema nervoso, sem intervenção da vontade;
- **Coação física irresistível**: a vontade é nula do agente nesta circunstância, tendo em vista que há uma obrigação física de outrem para que ele pratique algo (e este outrem que poderá responder pela coação e pelo ato praticado pelo coagido);
- **Sonambulismo ou Hipnose**: o sonambulismo altera tanto a capacidade de entender o ilícito, quanto a capacidade de comportar-se de acordo com tal entendimento e é considerado uma doença pela Organização Mundial de Saúde e encontra-se incluído entre os transtornos mentais e comportamentais segundo a Classificação Estatística Internacional de Doenças e Problemas Relacionados com a Saúde; já a hipnose é um estado mental assemelhado à situação em que o indivíduo está em sono, porém, é provocado artificialmente por alguém;
- **Caso Fortuito ou Força Maior**: correspondem a fatos ou eventos imprevisíveis ou de difícil previsão, que não podem ser evitados.

NOS CASOS DE CONDUTA PENAL, SEMPRE HAVERÁ A INTENÇÃO DO AGENTE EM PROVOCAR UM RESULTADO TIPIFICADO COMO INFRAÇÃO PENAL?

Falamos que o dolo e a culpa fazem parte da conduta típica e configuram a intenção do agente ou elemento subjetivo. O **dolo** é a vontade livre e consciente, dirigida à realização de uma determinada conduta penal e produzir o resultado. São espécies de dolo:

- **a.** - dolo direto (adota-se a teoria da vontade): também chamado de dolo imediato, é aquele onde a vontade do agente é realizar e produzir o resultado previsto em conduta penal, direcionando seu agir para obter este fim. Divide-se em **dolo direto de primeiro grau** e **dolo direto de segundo grau, também denominado de dolo de consequências necessárias**, onde o agente, para atingir sua vontade e produzir seu resultado de primeiro grau, necessariamente, ele terá que atingir outro bem jurídico. Exemplo: indivíduo que, na pretensão de matar seu desafeto, resolve acoplar uma bomba no carro do desafeto, mesmo sabendo que este tem um motorista particular, ou seja, para atingir seu resultado de primeiro grau, terá que atingir também o motorista;
- **b.** - dolo indireto: composto por **dolo eventual** e dolo alternativo, neste último, o agente realiza a conduta intencionada a produzir um ou outro resultado; enquanto que, no **dolo eventual** (adota-se a teoria do assentimento), o agente prevê o resultado e, embora não o deseje, assume o risco de produzi-lo ao invés de abster-se.

A **conduta** também poderá ser **culposa**, compreendendo como seus requisitos:

- **a.** Conduta voluntária
- **b.** Violação do dever objetivo de cuidado
- **c.** **Resultado** naturalístico INVOLUNTÁRIO

- d. Nexo causal
- e. Tipicidade
- f. Previsibilidade objetiva
- g. Ausência de previsão quista

A **conduta culposa** poderá decorrer de:

- a. Negligência: conduta negativa; dever de cuidado, vigilância, atenção;
- b. Imprudência: conduta positiva; agir de forma "afoita", além dos limites, apressada;
- c. Imperícia: falta de capacidade técnica, arte, ofício ou habilidade específica.

A culpa existe, também, na forma consciente, na qual o agente, mesmo prevendo o resultado, age acreditando veementemente e de boa fé que é capaz de evitá-lo.

O fato típico poderá ainda ser considerado **preterdoloso**, sendo composto por conduta DOLOSA + resultado CULPOSO + PREVISÃO LEGAL. Exemplo: intenção de causar lesão corporal e causar o resultado morte, desde que, as circunstâncias evidenciam que o agente não quis o resultado, nem assumiu o risco de produzi-lo, conforme previsão do art. 129, §3º, do CP.

E O QUE É UM RESULTADO NO DIREITO PENAL, EM QUE MOMENTO ELE SE CONFIGURA?

Para falarmos de resultado, convém falarmos sobre o *iter criminis*, ou, numa tradução bem literal, o caminho do crime. A linha do tempo desde o momento de pensar um praticar algo até a última etapa que se pode ter, conforme o tipo penal previsto em lei. São fases ou etapas do *iter criminis*:

- a. - COGITAÇÃO (não punível): o pensar o crime;
- b. - ATOS PREPARATÓRIOS: em regra, não punível, mas pode ser, se estiver previsto em lei, como infração penal, p.ex. arts. 288, 291, ambos do CP;

c. - ATOS EXECUTÓRIOS (punível): é o início e meio da execução do crime, antes de chegar o resultado consumativo, previsto no tipo penal. Podemos encontrar três institutos dentro dos atos executórios: a tentativa (art. 14, II, do CP); a desistência voluntária (art. 15, do Código Penal) e arrependimento eficaz (art. 15, do CP)
d. - CONSUMAÇÃO (punível): diz o crime consumado, quando nele se reúnem todos os elementos de sua definição legal (art. 14, I, do CP)

Nos crimes cometidos sem violência ou grave ameaça à pessoa, reparado o dano ou restituída a coisa, até o recebimento da denúncia ou da queixa, por ato voluntário do agente, a pena será reduzida de um a dois terços. O que constitui o instituto do arrependimento posterior, previsto no art. 16 do CP.

Há, ainda, o exaurimento, que não constitui uma etapa propriamente dita do *iter criminis*, mas, simplesmente, a feitura de tipo possível para esgotar o tipo penal, como, por exemplo, o sujeito que pratica a subtração de coisa alheia móvel e, depois, vende esta coisa para conseguir o valor em espécie. Quem compra, sabendo que é proveniente de produto de crime, poderá incidir na conduta de receptação (art. 180, CP), mas o sujeito que praticou a subtração, ao vender o objeto, pratica mero exaurimento do tipo penal.

ENTÃO O CRIME PODE TER UM RESULTADO TENTADO OU CONSUMADO, CERTO?

Isso mesmo, na terceira etapa, nos atos executórios, vale a pena destacar a tentativa, que corresponde ao crime em que, iniciada a execução, não se consuma por circunstâncias alheias à vontade do agente e, por consequência, recebe um *quantum* definido em lei, que, conforme previsto no parágrafo único do art. 14 do CP, é inversamente proporcional à aproximação do resultado representado, ou seja, quanto maior o *iter criminis* percorrido pelo sujeito ativo da infração penal, menor será a fração da causa de diminuição (adoção da **teoria objetiva**). São espécies de tentativa:

  a. Tentativa branca ou incruenta: o agente não consegue atingir o bem jurídico ou objeto contra a qual deveria recair sua conduta.
  b. Tentativa vermelha ou cruenta: o agente consegue atingir o bem jurídico ou objeto contra a qual deveria recair sua conduta.
  c. Tentativa perfeita: o agente executa por completo seus atos, mas delito não é consumado.
  d. Tentativa imperfeita: a conduta do agente é interrompida durante a execução do delito.
  e. Tentativa inidônea: impossibilidade de consumação do crime em virtude de ineficácia absoluta do meio ou de absoluta impropriedade do objeto (art. 17, CP).

E QUAL A RELAÇÃO ENTRE CONDUTA E RESULTADO?

É o **nexo causal**, ou relação de causalidade, que possui previsão no art. 13, *caput*, do CP, estabelecendo o elo entre ele e o resultado, este, para existir o crime, somente é imputável a quem lhe deu causa. Considera-se causa a ação ou omissão sem a qual o resultado não teria ocorrido. A **teoria da equivalência dos antecedentes causais** considera o fato concreto para aferição de responsabilidade, ou seja, analisa todos os fatos que contribuíram para o evento danoso, sendo estes fatos também chamados de causa. Excepcionalmente, o Código Penal adota a **teoria da causalidade adequada** (art. 13, §1º), que analisa qual ação ou omissão exata e efetivamente foi a causadora de um dano, de modo a definir e distribuir as responsabilidades, tendo em vista que a superveniência de causa relativamente independente exclui a imputação quando, por si só, produziu o resultado; os fatos anteriores, entretanto, imputam-se a quem os praticou.

Em algumas situações o dano pode ser acarretado por duas ou mais causas, isto é, o que se denomina concausas. As concausas podem ser:

– **Relativamente** independente: causa efetiva do resultado se origina (ainda que indiretamente) do comportamento concorrente, pode ser

- **a.** preexistente: surge antes da conduta do agente ser praticada;
- **b.** concomitante: surge ao mesmo tempo em que a conduta é praticada pelo agente;
- **c.** superveniente: surge após a conduta do agente ser praticada.

– **Absolutamente** independente: quando a causa efetiva do resultado não se origina do comportamento concorrente, podendo ser

- **a.** preexistente: surge antes da conduta do agente ser praticada;
- **b.** concomitante: surge ao mesmo tempo em que a conduta é praticada pelo agente;
- **c.** superveniente: surge após a conduta do agente ser praticada.

Falsas percepções das realidades também podem incidir no fato típico, configurando um erro de tipo. A previsão acerca do erro de tipo está disposta no art. 20 do CP: "o erro sobre elemento constitutivo do tipo legal de crime exclui o dolo, mas permite a punição por crime culposo, se previsto em lei".

O **erro de tipo** pode ser:

– **essencial**: incide em um dos elementos do tipo. Divide-se em:

- **a.** evitável (inescusável ou vencível): ocorre quando o agente poderia ter evitado o resultado se tivesse tido cautela ou diligência que é comum de um homem médio; exclui o dolo, mas admite a responsabilidade a título culposo, se houver previsão em lei desta modalidade.

b. inevitável (escusável ou invencível): ocorre quando o erro seria impossível evitar nas situações apresentadas e qualquer pessoa nas mesmas circunstâncias incorreria no mesmo engano, exclui o dolo e a culpa.

- **acidental**: permanece existindo na forma dolosa, incidindo o erro em alguma circunstância secundária do fato. Divide-se em:
    a. **Erro sobre a pessoa** (*error in persona*) (art. 20, §3º, CP): O erro quanto à pessoa contra a qual o crime é praticado não isenta de pena. Não se consideram, neste caso, as condições ou qualidades da vítima, senão as da pessoa contra quem o agente queria praticar o crime;
    b. **Erro sobre o objeto ou coisa** (*error in objecto*): o agente confunde o objeto material (coisa), atingindo outro que não queria, o dolo de agir na conduta persiste, mas a punição do agente pela conduta praticada poderá ser alterada, como, por exemplo, se quis furtar joia valiosa e furta, na verdade, uma réplica, a depender das circunstâncias e requisitos, poderá recair o princípio da insignificância ou o furto privilegiado;
    c. **Erro sobre o nexo causal** (*aberratio causae*): é aquele onde o agente deseja o resultado, executando determinada conduta, mas, por nexo diverso, acaba atingindo o mesmo resultado por outra forma. Exemplo do indivíduo que atira para matar sua vítima e, achando que o tiro foi letal, joga-a de cima de uma ponte, no rio, para se livrar do corpo, mas, na verdade, a perícia constata que a vítima morreu em razão do afogamento e não pelo tiro. O resultado morte foi atingido, embora de forma diversa;
    d. **Erro na execução** (*aberratio ictus*) (art. 73, CP): quando, por acidente ou erro no uso dos meios de execução, o agente, ao invés de atingir a pessoa que pretendia ofender, atinge pessoa diversa, responde como se tivesse praticado o crime contra aquela, atendendo-se ao disposto no § 3º do art. 20 do CP. No caso de ser

também atingida a pessoa que o agente pretendia ofender, aplica-se a regra do art. 70 do CP;
e. **Resultado diverso do pretendido** (*aberratio criminis*) (art. 74, CP): Fora dos casos do artigo anterior, quando, por acidente ou erro na execução do crime, sobrevém resultado diverso do pretendido, o agente responde por culpa, se o fato é previsto como crime culposo; se ocorre também o resultado pretendido, aplica-se a regra do art. 70 do CP.

7.3. FATO ANTIJURÍDICO

7.3.1. EXCLUDENTES DE ILICITUDE

SE PRESENTES TODOS OS ELEMENTOS DO FATO TÍPICO, COMO CONFIGURAR QUE ESTE FATO É ANTIJURÍDICO?

A conduta típica, em regra, é antijurídica, ou seja, contraria uma norma prevista no ordenamento jurídico, definida como infração penal. Há situações, entretanto, que, embora típicas, são consideradas lícitas, permissivas pelo Direito. São as causas de exclusão de antijuridicidade ou causas permissivas, autorizantes ou justificantes.

Na parte geral do Código Penal, encontramos quatro situações descritas no art. 23. Além delas, é possível vislumbrarmos causas específicas, como o art. 128 do CP ou o consentimento do ofendido, em fatos relacionados a bens disponíveis.

Vamos analisar as causas genéricas de exclusão de antijuridicidade/ilicitude e seus excessos puníveis:

> **Exclusão de ilicitude** (Redação dada pela Lei nº 7.209, de 11.7.1984)
> Art. 23 - Não há crime quando o agente pratica o fato: (Redação dada pela Lei nº 7.209, de 11.7.1984)
> I - em estado de necessidade; (Incluído pela Lei nº 7.209, de 11.7.1984)

II - em legítima defesa; (Incluído pela Lei n° 7.209, de 11.7.1984)
III - em estrito cumprimento de dever legal ou no exercício regular de direito. (Incluído pela Lei n° 7.209, de 11.7.1984)
Excesso punível (Incluído pela Lei n° 7.209, de 11.7.1984)
Parágrafo único - O agente, em qualquer das hipóteses deste artigo, responderá pelo excesso doloso ou culposo. (Incluído pela Lei n° 7.209, de 11.7.1984)

7.3.2. ESTADO DE NECESSIDADE

COMO CONFIGURAR O ESTADO DE NECESSIDADE?

O estado de necessidade está previsto no art. 24, do CP:

> Estado de necessidade
> Art. 24 - Considera-se em estado de necessidade quem pratica o fato para salvar de perigo atual, que não provocou por sua vontade, nem podia de outro modo evitar, direito próprio ou alheio, cujo sacrifício, nas circunstâncias, não era razoável exigir-se. (Redação dada pela Lei n° 7.209, de 11.7.1984)
> § 1° - Não pode alegar estado de necessidade quem tinha o dever legal de enfrentar o perigo. (Redação dada pela Lei n° 7.209, de 11.7.1984)
> § 2° - Embora seja razoável exigir-se o sacrifício do direito ameaçado, a pena poderá ser reduzida de um a dois terços. (Redação dada pela Lei n° 7.209, de 11.7.1984)

Destacamos, então, os requisitos para configuração do estado de necessidade, são eles:

a. perigo atual: a situação de perigo de estar acontecendo, no presente;
b. ameaça a bem jurídico próprio ou de terceiros;
c. situação de perigo que não tenha sido causada voluntariamente pelo sujeito;
d. inexistência do dever legal de enfrentar o perigo;
e. inevitabilidade do comportamento lesivo;
f. que seja exigível ou razoável agir de tal forma;

g. elemento subjetivo do estado de necessidade, ou seja, que o indivíduo tenha consciência de estar agindo em face desta situação.

Podemos dividir o estado de necessidade em:

a. estado de necessidade agressivo: atinge bem jurídico de terceira pessoa que nada tem a ver com o contexto (cabível obrigação de indenização na esfera civil);

b. estado de necessidade defensivo: atinge somente o bem jurídico causador do risco.

7.3.3. LEGÍTIMA DEFESA

E A LEGÍTIMA DEFESA, É VERDADE QUE ESTE INSTITUTO SOFREU ALTERAÇÃO RECENTEMENTE?

O instituto da legítima defesa, definido no art. 25 do CP, recebeu a inovação do parágrafo único, com o pacote anticrime, lei 13.964, de 24.12.2019, para acrescentar a hipótese de legítima defesa o agente de segurança pública que repele agressão ou risco de agressão a vítima mantida refém durante a prática de crimes.

> Art. 25. Entende-se em legítima defesa quem, usando moderadamente dos meios necessários, repele injusta agressão, atual ou iminente, a direito seu ou de outrem.
> **Parágrafo único.** Observados os requisitos previstos no caput deste artigo, considera-se também em legítima defesa o agente de segurança pública que repele agressão ou risco de agressão a vítima mantida refém durante a prática de crimes. (Incluído pela Lei 13.964, de 24.12.2019)

Ou seja, conforme a definição do artigo 25, *caput*, são **requisitos da legítima defesa:**

a. agressão injusta, ou seja, que contraria o ordenamento jurídico;

b. atual, que esteja acontecendo no presente, ou iminente, que esteja prestes a acontecer;
c. em face de direito seu ou de outrem, ou seja, defesa do próprio direito ou de terceira pessoa. Cuidado para não achar que será sempre em face do bem jurídico vida, apenas, como direito entenda-se bem jurídico, podendo ser vida, patrimônio, integridade corporal etc.;
d. utilização de meios necessários ou adequados a repelir a agressão;
e. moderação no uso dos meios necessários.

Os **excessos na legítima defesa** podem ser:

- **Intensivo** (os meios são inadequados à reação);
- **Extensivo** (meios adequados, mas de forma imoderada).

É possível falarmos, ainda, da legítima defesa sucessiva, onde o sujeito ativo da agressão, após ser imobilizado ou ter cessado sua agressão, a pessoa que era vítima, passa, por vontade e consciência, a agredir. Neste caso, esta agressão será tida como injusta, por já havia cessado a agressão anterior. O sujeito ativo que provocou a primeira agressão injusta, poderá revidar, sob o manto da legítima defesa, os excessos recebidos.

Se uma pessoa se imagina na situação de presença dos requisitos da legítima defesa, mas estes, de fato, não existem, temos a legítima defesa putativa, que ensejará uma descriminante putativa, incidindo na culpabilidade.

E o **ataque de animal**? O que configura?

Se for **espontâneo**	Se for **provocado por outrem**
Requisitos: Situação de perigo ATUAL Inevitabilidade do resultado	Requisitos: Situação de AGRESSÃO INJUSTA Não se exige a inevitabilidade do resultado
ESTADO DE NECESSIDADE	**LEGÍTIMA DEFESA**

7.3.4. ESTRITO CUMPRIMENTO DO DEVER LEGAL E EXERCÍCIO REGULAR DE DIREITO

O INCISO III DO ART. 23 FALA DE ESTRITO CUMPRIMENTO DO DEVER LEGAL E EXERCÍCIO REGULAR DE DIREITO, SÃO A MESMA COISA?

São institutos diferentes, o **estrito cumprimento do dever legal** decorre da determinação originária em norma, compreendendo os deveres de intervenção na esfera privada, pelo funcionário público, em face da norma, desde que preenchidos os requisitos:

a. estrito cumprimento: apenas devendo-se pratica os atos necessários justificam a conduta, que, a princípio, seria ilícita;

b. dever legal: norma cujo conteúdo expressa o dever, caracterizando-se pela obrigatoriedade e juridicidade.

Já o **exercício regular de direito** é a conduta destinada à produção de uma atividade ou prática de alguma conduta autorizada por lei, que torna lícito um fato típico. São casos de exercício regular de direito, o pai, na atuação dos atos correcionais em face de filhos, desde que não excedentes aos limites impostos em lei, tais como, o art. 18-A do ECA, e 136 do CP. A atuação em atividade desportiva lícita e regulamentada, como, por exemplo, em uma partida de campeonato regular de futebol brasileiro, na disputa pela bola, dois jogadores cabeceiam e acabam se chocando, levando ao óbito de um dos jogadores. Não haverá responsabilidade penal. Também se incluem em exercício regular de direito os médicos, no seu agir profissional em emergência, ainda que pratique algo contrário à vontade do paciente, mas desde que a atuação seja em razão do exercício médico em caráter de emergência.

7.4. CULPABILIDADE OU AGENTE CULPÁVEL

COMO IDENTIFICAR QUE O AGENTE É CULPÁVEL?

A culpabilidade é composta por três elementos:

- **Imputabilidade penal** (adota-se a teoria biopsicológica progressiva): primeiro analisa-se se o sujeito ativo da conduta possui dezoito anos ou mais, caso contrário, o fato, pode ser típico e antijurídico, mas a responsabilidade do agente levará em consideração as medidas e procedimentos previstos no Estatuto da Criança e do Adolescente – lei 8.069/1990; preenchendo-se o elemento idade, o caráter biológico, progressivamente, ou seja, na sequência, analisa-se o caráter psicológico, a capacidade de discernimento, que poderá ser afetada caso o sujeito, ao tempo da ação ou da omissão, de alguma forma, não tenha entendimento do caráter ilícito do fato ou de determinar-se de acordo com esse entendimento;

- **Exigibilidade de conduta diversa**: diante das circunstâncias do fato criminoso, analisamos se haveria necessidade de exigir do agente conduta diversa daquela empregada; é possível termos causas de inexigibilidade de conduta diversa, previstas no art. 22 do CP, "se o fato é cometido sob coação irresistível ou em estrita obediência a ordem, não manifestamente ilegal, de superior hierárquico, só é punível o autor da coação ou da ordem". São causas de inexigibilidade de conduta diversa: a) **coação moral irresistível** (art. 22, 1ª parte, CP); b) **obediência hierárquica a ordem não manifestamente ilegal** (art. 22, 2ª parte, CP);

- **Potencial conhecimento da ilicitude do ato praticado**: para que a conduta seja considerada reprovável, é necessário que o sujeito conheça as circunstâncias ligadas a sua ilicitude ou, de alguma forma, pudesse conhecer.

Inimputáveis:	• menores de 18 anos (art. 27, CP) • Doença/desenvolvimento mental + incompleto + incapacitante (art. 26, CP) • Embriaguez involuntária completa • Dependente álcool (embriaguez patológica) ou drogas (lei 11343/2006) • Índios não civilizados (doutrina)
Semi-imputáveis:	• Perturbação mental debilitante • Embriaguez involuntária incompleta

A embriaguez pode ser:

a. **Voluntária** (incompleta ou completa) = imputável;
b. **Culposa** = imputável;
c. **Involuntária** (por caso fortuito ou força maior) = se completa, isenta de pena; se incompleta, atenua a pena;
d. **Preordenada** = quando o sujeito ingere a bebida para estimular a coragem para realizar a conduta delitiva, é agravante de pena;
e. **Patológica** = isenta de pena, se inteiramente incapaz.

Consequências de inimputabilidade ou semi imputabilidade:

INIMPUTÁVEL	SEMI IMPUTÁVEL
Doença mental incapacitante	Perturbação mental debilitante
Periculosidade presumida	Periculosidade necessita de comprovação
Exclui culpabilidade	Não exclui culpabilidade
Isenta de pena e aplica medida de segurança	Reduz a pena ou substitui esta por medida de segurança
Sentença absolutória imprópria	Sentença **condenatória**

8. CONCURSO DE PESSOAS

É VERDADE QUE A MAIORIA DOS TIPOS PENAIS NO ORDENAMENTO JURÍDICO PODE SER PRATICADO POR APENAS UMA PESSOAS, MAS TÊM TIPOS PENAIS QUE PARA EXISTIREM PRECISA-SE DE MAIS DE UM SUJEITO ATIVO? COMO DISTINGUIR ISSO?

Para compreender o instituto de concurso de pessoas, precisamos analisar se o crime é:

- **plurissubjetivos (concurso necessário)**: são aqueles tipos de crimes em que, para sua existência, se faz necessária a presença mínima de um determinado quantitativo de sujeitos passivos, geralmente descrito no próprio tipo penal.

    Ex.: Associação Criminosa Art. 288. Associarem-se 3 (três) ou mais pessoas, para o fim específico de cometer crimes: (Redação dada pela Lei nº 12.850, de 2013) (...)

    Ex. Paralisação de trabalho, seguida de violência ou perturbação da ordem. Art. 200 - Participar de suspensão ou abandono coletivo de trabalho, praticando violência contra pessoa ou contra coisa: Pena - detenção, de um mês a um ano, e multa, além da pena correspondente à violência. Parágrafo único - Para que se considere coletivo o abandono de trabalho é indispensável o concurso de, pelo menos, três empregados.

Quanto à pena: dosimetria do crime plurissubjetivo e de cada um dos crimes correlatos;

- **unissubjetivos ou monossubjetivos (concurso eventual)**: são aqueles tipos de crimes em que, para sua existência, basta um único sujeito ativo praticando o fato penal, contudo, caso pratique com mais de uma pessoa, incidirá o concurso de pessoas.

Quanto à pena: dosimetria em face de uma infração penal apenas, porém com causa/circunstância que aumentará a pena da infração praticada, conforme conduta praticada por cada agente. Exemplo: Crimes contra a dignidade sexual. Aumento de pena Art. 226. A pena é aumentada: (Redação dada pela Lei nº 11.106, de 2005) I – de quarta parte, se o crime é cometido com o concurso de 2 (duas) ou mais pessoas; (Redação dada pela Lei nº 11.106, de 2005); Extorsão Art. 158 - Constranger alguém, mediante violência ou grave ameaça, e com o intuito de obter para si ou para outrem indevida vantagem econômica, a fazer, tolerar que se faça ou deixar de fazer alguma coisa: Pena - reclusão, de quatro a dez anos, e multa. § 1º - Se o crime é cometido por duas ou mais pessoas, ou com emprego de arma, aumenta-se a pena de um terço até metade.

Teorias quanto ao instituto de concurso de pessoas:

a. Teoria monista (ou teoria unitária ou igualitária): adotada, como regra, no ordenamento jurídico brasileiro, entende que todos aqueles que concorrem para um delito, seja como executor, coautor ou partícipe, responderão pelo mesmo crime.

b. Teoria pluralista (ou pluralística ou da cumplicidade do crime distinto ou da autonomia da cumplicidade): adotada, excepcionalmente, no ordenamento jurídico brasileiro, entende que cada agente pratica um crime autônomo, devendo-se constar uma tipificação para cada agente que atuou no concurso de pessoas. Como, por exemplo, a gestante que consente para que outrem pratique o aborto nela, art. 124 e a pessoa que realiza este aborto, com o consentimento da gestante, art. 126, CP.

c. Teoria dualista: há um crime para os executores do núcleo do tipo (autores) e outro para os que concorrem para a execução (partícipes) – não adotada.

Teorias quanto à autoria (ou coautoria):

a. Teoria subjetiva ou unitária: entende que todos que concorrem para o crime são considerados autores;

b. Teoria extensiva: não distingue autor de partícipe, sendo considerado autor aquele que produz o resultado;

c. Teoria objetiva, restritiva ou dualista, que se subdivide em três:

   c.1 teoria objetivo-formal: adotada pelo art. 29, caput, do CP, "quem, de qualquer modo, concorre para o crime incide nas penas a este cominadas, na medida de sua culpabilidade";

   c.2 teoria objetivo-material: é aquele em que autor é quem presta a contribuição mais importante, independentemente de ter ou não praticado o núcleo do tipo, e o partícipe presta a contribuição menos importante, independentemente de ter ou não praticado o núcleo do tipo;

   c.3 teoria do domínio do fato (acolhida na ação penal 470 STF – conhecida como "Mensalão"; e pelo art. 2º, §3º, da lei 12.850/2013 – Lei do Crime Organizado: "a pena é agravada para quem exerce o comando, individual ou coletivo, da organização criminosa, ainda que não pratique pessoalmente atos de execução"): considera que autor é quem tem o domínio do fato, ou seja, tem o controle da situação, com poder de decidir sobre sua prática ou interrupção, bem como acerca de suas circunstâncias.

EM CASO DE CRIMES UNISSUBJETIVOS, COMO RECONHECER O CONCURSO DE PESSOAS?

É preciso, neste caso, identificar os **requisitos para o concurso de pessoas** (adota-se a teoria monista ou unitária) e incidem nos crimes unissubjetivos (**concurso eventual**):

a. Pluralidade de agentes e de condutas; duas ou mais pessoas;
b. Relevância causal de cada conduta;
c. Identidade de infração penal;
d. Liame subjetivo entre os agentes;
e. Existência de fato punível (que o fato tenha atingido, no mínimo, a fase do início da execução).

EXISTE DIFERENÇA ENTRE AS PESSOAS QUE ATUAM EM CONCURSO DE PESSOAS?

Sim, podem agir em concurso de pessoas, duas ou mais como coautores ou como autor(es) e partícipe(s).

O QUE É UM PARTÍCIPE?

O partícipe ele não realiza a conduta descrita no tipo penal, mas auxilia materialmente ou induz ou instiga o autor da conduta criminosa. Vamos primeiro entender que existem teorias diferentes para firmar a importância do partícipe na atuação em concurso de pessoas.

Teorias quanto à participação (conduta acessória)

a. Acessoriedade mínima: estabelece que, para que seja punido o partícipe, basta que o autor tenha praticado conduta definida com fato típico, ou seja, o fato antijurídico e o agente culpável não são analisados, neste caso, mesmo que incidente uma excludente de

ilicitude, o partícipe poderia ser responsabilizado criminalmente;
b. Acessoriedade limitada: conforme corrente majoritária, é a adotada por nosso Direito Penal, entende que para que o partícipe seja punido, é necessário que o autor tenha praticado fato típico e ilícito;
c. Acessoriedade máxima ou extrema: exige que o autor pratique fato típico, ilícito e seja culpável para que o partícipe possa ser punido;
d. Hiperacessoriedade: só se pune a participação, se for praticado fato típico, ilícito e culpável, com a efetiva punibilidade.

Existem **requisitos para a participação**, quais sejam:
1. Intenção e conhecimento em colaborar para a conduta do autor (consciência da realização da conduta e intenção do autor do fato principal);
2. Colaboração efetiva.

E podemos definir como **tipos de participação:**
a. Moral:
  a1. Induzimento: criar a primeira ideia da prática da conduta delitiva;
  a2. Instigação: reforçar ideia já existência sobre a prática de conduta delitiva;
b. Material:
Atenção ao tipo próprio de autoria em participação de suicídio ou automutilação (art. 122).

A consequência da participação tem previsão legal no próprio art. 29, "quem, de qualquer modo, concorre para o crime incide nas penas a este cominadas, na medida de sua culpabilidade". Pode-se aplicar a causa de diminuição de pena aos partícipes/titulares de conduta acessória, prevista no §1º: "se a participação for de menor importância, a pena pode ser diminuída de um sexto a um terço". É possível, entretanto, termos aplicação de pena diferentes tanto a coautores, quanto a partícipes, no caso de cooperação dolosamente distinta, conforme previsão do §2º do art. 29, "se algum dos concorrentes quis participar de crime menos grave, ser-lhe-á aplicada a pena deste; essa pena será aumentada até metade, na hipótese de ter sido previsível o resultado mais grave". Perceba que o parágrafo segundo aborda a questão da colaboração dolosamente distinta, situação, por exemplo, em que dois sujeitos, em concurso de pessoas, combinam de furtar objetos de uma residência. Lá chegando, um dos indivíduos, ao ouvir um barulho, saca um revólver que tinha levado consigo, sem que o outro sujeito soubesse, e atirar contra o morador, que acordara com o barulho. Se ficar comprovado que um dos sujeitos quis participar somente do crime de furto, sem ter a previsibilidade da hipótese de roubo impróprio, ser-lhe-á aplicada a pena de furto. O outro sujeito responderá por roubo impróprio. Caso, embora não quisesse participar de roubo, apenas de furto, mas fosse previsível tal resultado, receberá a pena de furto, porém, aumentada de até metade.

9. CONCURSO DE CRIMES

FALAMOS DE UM CRIME QUE PODE SER PRATICADO POR MAIS DE UM SUJEITO E ADENTRAMOS NO TEMA DE CONCURSO DE PESSOAS, MAS HÁ A POSSIBILIDADE UM SUJEITO PRATICAR MAIS DE UM CRIME?

Sim, temos o chamado concurso de crimes, que pode ser praticado por um sujeito, mediante uma ou mais ação ou omissão ou em atos continuados. Para saber qual tipo de concurso será, é preciso, primeiro, verificar a quantidade de condutas praticadas no mesmo contexto. Depois, analisar a intenção do sujeito quanto a obtenção dos resultados. Isto implicará na forma de aplicação da pena, quando tivermos concurso de crimes. Assim, vamos facilitar a compreensão com uma tabela de informações:

	CONCURSO DE CRIMES – REGRAS DE APLICAÇÃO				
	Concurso material	**Concurso formal**		**Crime continuado**	
		Próprio / perfeito	Impróprio / imperfeito	Crime comum (art. 71, *caput*)	Crime específico (art. 71, par. único)
Quant. de condutas	Mais de uma	Uma só	Uma só	mais de uma	
Quantidade de crimes	Duas ou mais (idênticos ou não)			Duas ou mais da mesma espécie	
Aplicação de pena	Cúmulo material	Exasperação *obs.	Cúmulo material	Exasperação	
Acréscimo	-	De 1/6 até 1/2	-	De 1/6 até 2/3	triplica

PERCEBA QUE, A DEPENDER DO TIPO DE CONCURSO DE CRIMES PRATICADO, A FORMA DE SISTEMÁTICA DE APLICAÇÃO DE PENA MUDARÁ, ASSIM PODEMOS RESUMIR:

SISTEMAS DE APLICAÇÃO DE PENA NO CONCURSO DE CRIMES		
Sistema do cúmulo material	Somatório das penas	• Concurso material (art.69, CP); • Concurso formal impróprio (art.70, *caput*, 2ª parte, CP); • Concurso das penas de multa (art. 72, CP).
Sistema de exasperação	Aplica-se a pena mais grave dentre as cominadas aos crimes praticados, majorada do *quantum* fixado em lei	• Concurso formal próprio (art. 70, *caput*, 1ª parte, do CP) *; • Continuidade delitiva (art.71, CP). *possibilidade de incidência do cúmulo material mais benéfico
Sistema de absorção	A pena aplicada ao crime mais grave absorve as demais, que não são aplicadas	Lei 11.101/2005 – Lei de Falências ** **ainda sem jurisprudência sobre o tema

E COMO SABER QUAL A FRAÇÃO DE AUMENTO NA EXASPERAÇÃO DE CRIMES EM CONCURSO FORMAL PRÓPRIO E NO CASO DE CRIME CONTINUADO?

Boa pergunta, o STJ fixou parâmetros para as regras de exasperação, assim temos:

Concurso formal próprio/perfeito. Regras de exasperação:

Quantidade de crimes	Aumento
2 crimes	1/6
3 crimes	1/5
4 crimes	1/4
5 crimes	1/3
6 crimes ou mais	1/2

E no caso de crime continuado – crime comum. Regras de exasperação:

Quantidade de crimes	Aumento
2 crimes	1/6
3 crimes	1/5
4 crimes	1/4
5 crimes	1/3
6 crimes	1/2
7 crimes ou mais	2/3

Atenção!
STJ consolidou entendimento "no sentido da existência de um delito único quando apreendidas mais de uma arma, munição, acessório ou explosivo em posse do mesmo agente, dentro do mesmo contexto fático, não havendo que se falar em concurso material ou formal entre as condutas, pois se vislumbra uma só lesão de um mesmo bem tutelado" (HC 362.157/RJ).

10. TEORIA GERAL DA PENA

10.1. SANÇÕES PENAIS

QUAIS OS TIPOS DE PENAS TEMOS NO BRASIL?

As penas podem ser:
a. **penas proibidas:**
   - de caráter relativo: de morte, salvo em caso de guerra declarada (...) (art. 5º, inciso XLVII, CRFB/88);
   - de caráter absoluto: de caráter perpétuo; de trabalhos forçados; de banimento; cruéis.
b. **penas permitidas** (art. 32, CP): Pena Privativa de Liberdade (PPL); Pena restritiva de direito (PRD); Pena de Multa (PM).

10.2. DOSIMETRIA DA PENA PRIVATIVA DE LIBERDADE (PPL)

10.2.1. PRIMEIRA FASE DA DOSIMETRIA DA PPL

ENTÃO, VAMOS SUPOR QUE UMA PESSOA PRATICA UM CRIME, CONFORME TODOS OS ELEMENTOS DO CONCEITO DE INFRAÇÃO PENAL, SENDO UM FATO TÍPICO, ANTIJURÍDICO E O AGENTE CULPÁVEL. COMO SABER QUAL O VALOR QUE SE ATRIBUIRÁ DE PENA, DENTRE O PATAMAR DE PPL MÍNIMO E MÁXIMO PREVISTO NO TIPO PENAL?

Primeira coisa é observar o que deve contar numa sentença penal, conforme dispõe o art. 381 do CPP: "a sentença conterá: I - os nomes das partes ou, quando não possível, as indicações necessárias para identificá-las; II - a exposição sucinta da acusação e da defesa; III - a indicação dos motivos de fato e de direito em que se fundar a decisão; IV - a indicação dos artigos de lei aplicados; V - o dispositivo; VI - a data e a assinatura do juiz". Para elaborar a sentença condenatória penal, o magistrado deverá adotar o sistema Nelson Hungria, disposto no *caput* do art. 68 do CP, que determina que a **pena-base** será fixada (se o crime é simples ou qualificado (doloso ou preterdoloso)/culposo) atendendo-se ao critério do art. 59 deste Código (**1ª fase da dosimetria**); em seguida serão consideradas as circunstâncias **atenuantes e agravantes** (**2ª fase da dosimetria**); por último, as **causas de diminuição e de aumento** (também chamadas de minorantes ou majorantes), geralmente representadas por fração ou multiplicação (**3ª fase da dosimetria**).

ENTÃO, ALÉM DE VERIFICAR SE O CRIME É SIMPLES OU QUALIFICADO OU CULPOSO, O JUIZ AINDA TERÁ QUE ANALISAR, FUNDAMENTADAMENTE, AS CIRCUNSTÂNCIAS DESCRITAS NO *CAPUT* DO ART. 59? O QUE SÃO ESTAS CIRCUNSTÂNCIAS?

Vamos lá, vamos entender que a primeira coisa a ser feita na primeira fase da dosimetria é a fixação da pena quanto ao tipo de crime praticado, pode ser **crime simples** ou **culposo** ou **crime qualificado**. Após, analisa-se as circunstâncias judiciais previstas no caput do art. 59, CP. A jurisprudência recomenda que, para cada circunstância, a base de cálculo seja de 1/6 da pena base. As circunstâncias judiciais previstas no art. 59, são:

a. **Culpabilidade:** Diferente de culpabilidade como integrante do conceito analítico de infração penal. aqui, na dosimetria da PPL, a culpabilidade relaciona-se ao juízo de reprovação do agente/conduta. O STJ destaca que "é certo que a existência de elementares do tipo penal não constitui fundamento idôneo para elevar a pena-base, **entretanto a maior reprovabilidade da culpabilidade** do paciente foi justificada, pois, além de induzir a vítima a realizar a compra de veículo mediante conversa enganosa, houve adoção de artifícios escusos para manter a credibilidade do delito, como a falsificação da assinatura no documento de transferência do veículo. Considerando que o delito foi cometido em detrimento de vítima que conhecia o autor e lhe depositava total confiança, resta justificado o aumento da pena-base em razão da consideração desfavorável das circunstâncias do crime.' (HC 332.676/PE, Rel. Ministro ERICSON MARANHO (DESEMBARGADOR CONVOCADO DO TJ/SP), SEXTA TURMA, julgado em 17/12/2015, DJe 03/02/2016)

b. **antecedentes:** Representa a vida pregressa do acusado, antes do crime praticado no processo que está em análise. Atente-se que "**é vedada a utilização de inquéritos policiais e ações penais em curso para agravar a pena-base**" (Súmula 444/STJ).

Não confunda com **reincidência**. No entendimento do STJ, "o conceito de maus antecedentes, por ser mais amplo, abrange não apenas as condenações definitivas por fatos anteriores cujo trânsito em julgado ocorreu antes da prática do delito em apuração, mas também aquelas transitadas em julgado no curso da respectiva ação penal, além das condenações transitadas em julgado há mais de cinco anos, as quais também não induzem reincidência, mas servem como maus antecedentes" (HC 185.894/MG – Sexta Turma – Nefi Cordeiro – Dje 05/02/2016).

Atenção!
No HC 453.437-SP, Rel. Min. Reynaldo Soares da Fonseca, julgado em 04/10/2018, o Superior Tribunal de Justiça decidiu que condenações anteriores pelo delito do art. 28 da Lei n. 11.343/2006 não são aptas a gerar reincidência. Informativo 636 STJ.

c. **conduta social do agente:** Está relacionada ao comportamento do acusado em sua forma de relação social, familiar, de trabalho e na esfera de convivência com as demais pessoas em sociedade.

> **Cuidado!** Entendimento do STJ é de que condenações passadas não podem ser utilizadas com argumento de ser circunstância desfavorável ao réu quanto à sua conduta social.

d. **personalidade do agente**: Trata-se da visão sobre o estado psíquico do acusado, razão pela qual, só pode ser comprovada mediante estudo por profissionais da área de saúde mental, na esfera do processo penal.

e. **motivos do crime**: Se não for a qualificadora do crime, nem servir de agravante, poderá ser utilizada como uma forma de esclarecer o "porquê" daquela prática criminosa.

f. **circunstâncias do crime**: Relaciona-se ao *modus operandi* do agente, em maior ou menor gravidade empregada ao fato, analisando-se, para tanto, as condições de tempo, lugar, relação do agente com a vítima, forma de como o crime aconteceu, quais os instrumentos utilizados etc., desde que não sejam qualificadores ou agravantes, para que não se caracterize *bis in idem*, ou seja, dupla punição pelo mesmo fato/aspecto, o que é proibido no ordenamento jurídico.

g. **consequências do crime**: São os efeitos do crime, em face dos resultados causados tanto para a vítima, quanto, se for o caso, para seus familiares ou para toda a sociedade.

h. **comportamento da vítima**: Entende a doutrina que o comportamento da vítima não pode ser levado em consideração para fins de alteração da pena-base, devendo ser considerada uma circunstância judicial é neutra.

ENCERRADA A PRIMEIRA FASE DA DOSIMETRIA DA PPL, O JUIZ ENCONTRARÁ UM VALOR, DEVENDO RESPEITAR O LIMITE MÍNIMO E MÁXIMO DESCRITO NO TIPO PENAL. OU SEJA, AINDA QUE O CASO TENHA TODAS AS CIRCUNSTÂNCIAS JUDICIAIS FAVORÁVEIS AO RÉU, O JUIZ DEVERÁ FIXAR A PENA BASE NO MÍNIMO DESCRITO NO TIPO PENAL. DA MESMA FORMA, SE O JUIZ FUNDAMENTAR QUE TODAS AS CIRCUNSTÂNCIAS SÃO DESFAVORÁVEIS AO RÉU, FAZENDO O AUMENTO DEVIDO, AINDA ASSIM, O RESULTADO FICARÁ, NO MÁXIMO, NO LIMITE DE PENA MÁXIMA PREVISTA NO TIPO PENAL. ENTENDIDO ISSO, E SE TIVERMOS UMA CIRCUNSTÂNCIA FAVORÁVEL E DUAS DESFAVORÁVEIS AO RÉU, COMO FAZER OS CÁLCULOS?

Vamos imaginar uma caso hipotético em que a pena mínima prevista no tipo penal seja de 6 anos. O juiz teria que aumentar este pena de 6 anos em duas frações de 1/6 e diminuir de uma fração de 1/6. O resultado levaremos para a segunda fase da dosimetria da pena, como referência inicial de calcula da segunda fase.

10.2.2. SEGUNDA FASE DA DOSIMETRIA DA PPL

ENTÃO, SE O RESULTADO DA PRIMEIRA FASE FOR 7 ANOS, MESMO QUE A PENA MÍNIMA DO CASO EM CONCRETO SEJA 6 ANOS, COMEÇAREMOS COM A PENA RESULTANTE DA PRIMEIRA FASE, PARA CALCULAR AS AGRAVANTES E ATENUANTES DA SEGUNDA FASE DA DOSIMETRIA DA PPL?

Isso mesmo. A segunda fase consiste na análise das agravantes e das atenuantes existentes ao caso concreto, em face do sujeito ativo do crime. São chamadas de circunstâncias legais e destacamos que entre elas possuem circunstâncias que devem ser preponderantes em face de outras, entendem-se como tais as que resultam dos motivos determinantes do crime, da personalidade do agente e da reincidência. A doutrina e jurisprudência atentam para a idade do réu como também sendo uma circunstância preponderante [atenuante descrita no art. 65, I: I - ser o agente menor de 21 (vinte e um), na data do fato, ou maior de 70 (setenta) anos, na data da sentença].

Com relação as agravantes, cabe destacar:

a. São circunstâncias que sempre agravam a pena, quando não constituem ou qualificam o crime (art. 61);
b. Existem agravantes no caso de concurso de pessoas (art. 62);
c. A agravante de reincidência poderá gerar reflexos em outros institutos penais (arts.63, 64, 67, 117, VI, 120 – cuidado com os arts. 33, §2º, "b" e "c"; 44, II e §3º; 77, I; 83, I, II, V; 95; 110).

Vamos classificar as agravantes previstas no art. 61:

a. Art. 61, I – reincidência arts. 63 e 64
b. Art. 61, II, "a" – motivação
c. Art. 61, II, "b" – Em função de outro crime:
   - do futuro (assegurar a execução)
   - do passado (assegurar a ocultação, impunidade ou vantagem de outro crime)
d. Art. 61, II, "c" – modo:
   - traição
   - emboscada
   - dissimulação
   - recurso que dificultou ou tornou impossível a defesa do ofendido

e. Art. 61, II, "d" – meios:
- veneno
- fogo
- explosivo
- tortura
- insidioso
- Cruel
- perigo comum

f. Art. 61, II, "e" – vítima parente:
- Ascendente
- Descendente
- Irmão
- Cônjuge

g. Art. 61, II, "f" – relação com a vítima:
- Abuso de autoridade
- Contexto doméstico
- Coabitação
- Hospitalidade
- Mulher (na forma da lei específica)

h. Art. 61, II, "g" – características do agente:
- Abuso de poder
- Violação de um dever inerente a cargo, ofício, ministério ou profissão

g. Art. 61, II, "h" a "L" - condições específicas:
- contra criança, maior de 60 (sessenta) anos, enfermo ou mulher grávida; (Redação dada pela Lei nº 10.741, de 2003)
- quando o ofendido estava sob a imediata proteção da autoridade;
- em ocasião de incêndio, naufrágio, inundação ou qualquer calamidade pública, ou de desgraça particular do ofendido;

- em estado de embriaguez preordenada.

Já as circunstâncias atenuantes genéricas estão previstas no art. 65 e ainda temos a inominada, no art. 66, considerando-se que a pena poderá ser ainda atenuada em razão de circunstância relevante, anterior ou posterior ao crime, embora não prevista expressamente em lei. São circunstâncias atenuantes genéricas:

a. ser o agente menor de 21 (vinte e um), na data do fato, ou maior de 70 (setenta) anos, na data da sentença;
b. o desconhecimento da lei;
c. ter o agente:

  c.1 cometido o crime por motivo de relevante valor social ou moral;
  c.2 procurado, por sua espontânea vontade e com eficiência, logo após o crime, evitar-lhe ou minorar-lhe as consequências, ou ter, antes do julgamento, reparado o dano;
  c.3 cometido o crime sob coação a que podia resistir, ou em cumprimento de ordem de autoridade superior, ou sob a influência de violenta emoção, provocada por ato injusto da vítima;
  c.4 confessado espontaneamente, perante a autoridade, a autoria do crime;
  c.5 cometido o crime sob a influência de multidão em tumulto, se não o provocou.

10.2.3. TERCEIRA FASE DA DOSIMETRIA DA PPL

QUAIS AS DIFERENÇAS ENTRE AGRAVANTES/ ATENUANTES E MAJORANTES/MINORANTES?

Além de incidirem em fases diversas, temos outras características que as diferenciam, são elas:

Agravantes e atenuantes	Majorantes e Minorantes
Incidem na 2ª fase da dosimetria	Incidem na 3ª fase da dosimetria
Situam-se na parte geral do Código Penal ou em legislação extravagante	Situam-se tanto na parte geral, como na parte especial e nas legislações extravagantes
Não é fixado o *quantum* por previsão legal para aumento ou diminuição, ficando a critério do magistrado	É fixado o *quantum* para aumento ou para diminuição no texto legal
Em regra, respeitam os limites mínimos e máximos previstos no tipo penal	Podem ficar aquém da pena mínima prevista no preceito secundário do tipo penal ou além do máximo previsto

E COMO ENTENDER A FORMA DE APLICAÇÃO DAS MAJORANTES E MINORANTES DA TERCEIRA FASE DA DOSIMETRIA DA PPL?

Primeira coisa é entender que poderemos usar a sistemática de aplicação de pena de aplicação isolada ou de aplicação cumulativa. No caso de aplicação isolada, a aplicação recai sobre a pena precedente (da 2ª fase), não sobre a já aumentada; já na aplicação cumulativa: a aplicação recai sobre a pena já diminuída.

Concurso entre causa de aumento e causa de diminuição da pena – forma de aplicação dosimétrica	
Existência de duas ou mais causas majorantes genéricas	Aplicação isolada
Existência de duas ou mais causas minorantes genéricas	Aplicação cumulativa
Existência de duas ou mais causas majorantes específicas	Aplicação cumulativa: 1ª aplica a que aumenta 2ª aplica a que diminui

Concurso entre causa de aumento e causa de diminuição da pena – forma de aplicação dosimétrica	
Existência de duas ou mais causas majorantes específicas	Art. 68, parág. único. Aplica apenas uma, a que mais aumente
Existência de duas ou mais causas minorantes específicas	Art. 68, parág. único. Aplica apenas uma, a que mais diminua
Existência de concurso entre majorantes genérica e específica	Aplicação, isoladamente, das causas majorantes
Existência de concurso entre minorantes genérica e específica	Aplicação, cumulativamente, das causas majorantes

10.3. REGIME DE PENA

FIXADA A PENA DEFINITIVA DA DOSIMETRIA, APÓS O TÉRMINO DO CÁLCULO DA TERCEIRA FASE, COMO O JUIZ SABERÁ QUAL O REGIME DE PENA DA PPL QUE DEVERÁ ESTABELECER?

As penas privativas de liberdade deverão ser cumpridas de forma progressiva, devendo-se observar, para a fixação do regime de pena privativa de liberdade, o *quantum* de pena recebido:

a. o condenado a pena superior a 8 (oito) anos deverá começar a cumpri-la em regime fechado;

b. o condenado não reincidente, cuja pena seja superior a 4 (quatro) anos e não exceda a 8 (oito), poderá, desde o princípio, cumpri-la em regime semiaberto;

c. o condenado não reincidente, cuja pena seja igual ou inferior a 4 (quatro) anos, poderá, desde o início, cumpri-la em regime aberto.

No **regime fechado**, o condenado será submetido, no início do cumprimento da pena, a exame criminológico de classificação para individualização da execução, ficando sujeito a trabalho no período diurno e a isolamento durante o repouso noturno. O trabalho será em comum dentro do estabelecimento, na conformidade das aptidões ou ocupações anteriores do condenado, desde que compatíveis com a execução da pena. O trabalho externo é admissível, no regime fechado, em serviços ou obras públicas.

O local de cumprimento da pena deverá observar as disposições da Lei de Execução Penal - LEP – Lei 7210/84:

> Art. 87. A penitenciária destina-se ao condenado à pena de reclusão, em regime fechado. Parágrafo único. A União Federal, os Estados, o Distrito Federal e os Territórios poderão construir Penitenciárias destinadas, exclusivamente, aos presos provisórios e condenados que estejam em regime fechado, sujeitos ao regime disciplinar diferenciado, nos termos do art. 52 desta Lei. (Incluído pela Lei n° 10.792, de 2003)

Sobre a admissibilidade do trabalho externo, a LEP – Lei 7210/84 prevê que:

> Art. 37. A prestação de trabalho externo, a ser autorizada pela direção do estabelecimento, dependerá de aptidão, disciplina e responsabilidade, além do cumprimento mínimo de 1/6 (um sexto) da pena.
> Parágrafo único. Revogar-se-á a autorização de trabalho externo ao preso que vier a praticar fato definido como crime, for punido por falta grave, ou tiver comportamento contrário aos requisitos estabelecidos neste artigo.

Destaque-se que o trabalho no cárcere constitui dever e direito da pessoa presa:

> LEP 7210/84. Art. 39. Constituem deveres do condenado:
> (...) V - execução do trabalho, das tarefas e das ordens recebidas;
> Art. 41 - Constituem direitos do preso:
> (...) II - atribuição de trabalho e sua remuneração;

Para o **regime semiaberto** devemos nos atentar às seguintes regras:

> Art. 35 - Aplica-se a norma do art. 34 deste Código, caput, ao condenado que inicie o cumprimento da pena em regime semiaberto. (Redação dada pela Lei n° 7.209, de 11.7.1984)

§ 1º - O condenado fica sujeito a trabalho em comum durante o período diurno, em colônia agrícola, industrial ou estabelecimento similar. (Redação dada pela Lei nº 7.209, de 11.7.1984)
§ 2º - O trabalho externo é admissível, bem como a frequência a cursos supletivos profissionalizantes, de instrução de segundo grau ou superior. (Redação dada pela Lei nº 7.209, de 11.7.1984)

Atenção à **Súmula Vinculante 56**: A falta de estabelecimento penal adequado não autoriza a manutenção do condenado em regime prisional mais gravoso, devendo-se observar, nessa hipótese, os parâmetros fixados no RE 641.320/RS.

O local de cumprimento da pena deverá observar as disposições da Lei de Execução Penal - LEP – Lei 7210/84:

> LEP 7210/84. Art. 91. A Colônia Agrícola, Industrial ou Similar destina-se ao cumprimento da pena em regime semiaberto.
> Art. 92. O condenado poderá ser alojado em compartimento coletivo, observados os requisitos da letra a, do parágrafo único, do artigo 88, desta Lei.
> Parágrafo único. São também requisitos básicos das dependências coletivas:
> a) a seleção adequada dos presos;
> b) o limite de capacidade máxima que atenda os objetivos de individualização da pena.

Para o **regime aberto** observemos que:

> Art. 36 - O regime aberto baseia-se na autodisciplina e senso de responsabilidade do condenado. (Redação dada pela Lei nº 7.209, de 11.7.1984)
> § 1º - O condenado deverá, fora do estabelecimento e sem vigilância, trabalhar, frequentar curso ou exercer outra atividade autorizada, permanecendo recolhido durante o período noturno e nos dias de folga. (Redação dada pela Lei nº 7.209, de 11.7.1984)
> § 2º - O condenado será transferido do regime aberto, se praticar fato definido como crime doloso, se frustrar os fins da execução ou se, podendo, não pagar a multa cumulativamente aplicada. (Redação dada pela Lei nº 7.209, de 11.7.1984)

O local de cumprimento da pena deverá observar as disposições da Lei de Execução Penal - LEP – Lei 7210/84:

> LEP 7210/84. Art. 93. A Casa do Albergado destina-se ao cumprimento de pena privativa de liberdade, em regime aberto, e da pena de limitação de fim de semana.
> Art. 94. O prédio deverá situar-se em centro urbano, separado dos demais estabelecimentos, e caracterizar-se pela ausência de obstáculos físicos contra a fuga.
> Art. 95. Em cada região haverá, pelo menos, uma Casa do Albergado, a qual deverá conter, além dos aposentos para acomodar os presos, local adequado para cursos e palestras.
> Parágrafo único. O estabelecimento terá instalações para os serviços de fiscalização e orientação dos condenados.

Atente-se as condições para a **prisão albergue domiciliar**:

> LEP 7210/84. Art. 117. Somente se admitirá o recolhimento do beneficiário de regime aberto em residência particular quando se tratar de:
> I - condenado maior de 70 (setenta) anos;
> II - condenado acometido de doença grave;
> III - condenada com filho menor ou deficiente físico ou mental;
> IV - condenada gestante.

10.4. PENA RESTRITIVA DE DIREITO

LENDO O ART. 59, NO INCISO IV, O DISPOSITIVO FALA DA SUBSTITUIÇÃO DA PENA PRIVATIVA DA LIBERDADE APLICADA, POR OUTRA ESPÉCIE DE PENA, SE CABÍVEL. ESTA OUTRA ESPÉCIE DE PENA PODE SER A PENA RESTRITIVA DE DIREITO, CERTO?

Isso mesmo, a PRD é autônoma e substitutiva da PPL, desde que observados os requisitos previstos no art. 44, ou seja, quando aplicada pena privativa de liberdade não superior a quatro anos e o crime não for cometido com violência ou grave ameaça à pessoa ou, qualquer que seja a pena aplicada, se o crime for culposo; e, também, se o réu não for reincidente em crime doloso; e, também, se a culpabilidade, os antecedentes, a conduta social e a personalidade do condenado, bem como os motivos e as circunstâncias indicarem que essa substituição seja suficiente. Importante destacar que se o condenado for reincidente, o juiz poderá aplicar a substituição, desde que, em face de condenação anterior, a medida seja socialmente recomendável e a reincidência não se tenha operado em virtude da prática do mesmo crime

QUAIS ESPÉCIES DE PRD QUE EXISTEM?

Primeira coisa é definir quantas PRD deverá ou deverão ser cumpridas. Isto vai depender da PPL cominada na sentença, ou seja, se a condenação for igual ou inferior a um ano, a substituição pode ser feita por multa ou por uma pena restritiva de direitos; se superior a um ano, a pena privativa de liberdade pode ser substituída por uma pena restritiva de direitos e multa ou por duas restritivas de direitos. São espécies de PRD:

a. prestação pecuniária (que consiste no pagamento em dinheiro à vítima, a seus dependentes ou a entidade pública ou privada com destinação social, de importância fixada pelo juiz, não inferior a 1 salário-mínimo nem superior a 360 salários-mínimos; o valor pago será deduzido do montante de eventual condenação em ação de reparação civil, se coincidentes os beneficiários; se houver aceitação do beneficiário, a prestação pecuniária pode consistir em prestação de outra natureza);

b. perda de bens e valores (pertencentes aos condenados dar-se-á, ressalvada a legislação especial, em favor do Fundo Penitenciário Nacional, e seu valor terá como teto – o que for maior – o montante do prejuízo causado ou do provento obtido pelo agente ou por terceiro, em consequência da prática do crime);

c. prestação de serviço à comunidade ou a entidades públicas;

d. interdição temporária de direitos (que podem ser: proibição do exercício de cargo, função ou atividade pública, bem como de mandato eletivo; proibição do exercício de profissão, atividade ou ofício que dependam de habilitação especial, de licença ou autorização do poder público; suspensão de autorização ou de habilitação para dirigir veículo; proibição de frequentar determinados lugares; proibição de inscrever-se em concurso, avaliação ou exame públicos);

e. limitação de fim de semana (que consiste na obrigação de permanecer, aos sábados e domingos, por 5 (cinco) horas diárias, em casa de albergado ou outro estabelecimento adequado; durante a permanência poderão ser ministrados ao condenado cursos e palestras ou atribuídas atividades educativas).

É importante destacar as regras quanto ao cabimento da conversão da PPL em PRD de prestação de serviço à comunidade ou a entidades públicas:

REGRAS DE APLICAÇÃO DA CONVERSÃO DA PPL POR PRD NA ESPÉCIE DE PRESTAÇÃO DE SERVIÇO A COMUNIDADE	
Cabimento	PPL superior a 6 meses
Valoração de tempo de serviço/pena	1 hora de trabalho por 1 dia de pena
Se a PPL for superior a 1 ano	facultado ao condenado cumprir a pena substitutiva em menor tempo (art. 55*), nunca inferior à metade da pena privativa de liberdade fixada

MAS, E SE O RÉU NÃO CUMPRIR ALGUM DOS REQUISITOS DA PRD IMPOSTA, PODERÁ SER CONVERTIDA A PRD EM PPL NOVAMENTE?

A pena restritiva de direitos converte-se em privativa de liberdade quando ocorrer o descumprimento injustificado da restrição imposta, ou por superveniência de condenação por outro crime; ou, ainda, se imposta a pena de prestação de serviços à comunidade, o condenado:

a. não for encontrado por estar em lugar incerto e não sabido, ou desatender a intimação por edital;

- b. não comparecer, injustificadamente, à entidade ou programa em que deva prestar serviço;
- c. recusar-se, injustificadamente, a prestar o serviço que lhe foi imposto;
- d. praticar falta grave;
- e. sofrer condenação por outro crime à pena privativa de liberdade, cuja execução não tenha sido suspensa.

No cálculo da pena privativa de liberdade a executar será deduzido o tempo cumprido da pena restritiva de direitos, respeitado o saldo mínimo de trinta dias de detenção ou reclusão. No caso da PRD à limitação de fim de semana o disposto na alínea "a", "d" e "e", além de, será convertida a PPL, se o condenado se recusar a comparecer ao estabelecimento indicado ao cumprimento da pena ou recusar-se a exercer a atividade designada pelo Juiz. Já na interdição temporária de direitos será convertida em PPL se ocorrer qualquer das situações das alíneas "a" e "e" ou se o condenado exercer de forma injustificada o direito interditado.

10.5. PROGRESSÃO DE REGIME

ENTÃO, O JUIZ FAZ A DOSIMETRIA, FIXA O REGIME E, SE FOR CABÍVEL, A SUBSTITUIÇÃO DA PENA PRIVATIVA DA LIBERDADE APLICADA, POR OUTRA ESPÉCIE DE PENA, MAS TANTO SE NÃO COUBER SUBSTITUIÇÃO, COMO SE HOUVER A CONVERSÃO DA PRD PARA PPL, O SUJEITO FICARÁ SEMPRE NO REGIME DE PENA FIXADO EM SENTENÇA?

Primeiramente, vamos lembrar que o art. 33, §2º, do CP estabelece que as penas privativas de liberdade deverão ser executadas em forma progressiva, segundo o mérito do condenado, observados os seguintes critérios e ressalvadas as hipóteses de transferência a regime mais rigoroso. É na Lei de Execução Penal que encontramos os requisitos objetivos e subjetivos para que haja a progressão de regime. No art. 112 da LEP, temos os requisitos objetivos quanto ao lapso temporal, que foram alterados pelo Pacote Anticrime (lei 13964/2019) e estão em vigor desde 23 de janeiro de 2020. Fazendo um comparativo entre os prazos existentes antes e depois do Pacote Anticrime, temos:

Requisitos objetivos para progressão de regime de com as alterações do "Pacote Anticrime" - Lei 13.964/2019			Base legal anterior
Sem violência ou grave ameaça Reincidente	Primário	16% - Artigo 112, inciso I, da LEP	1/6 - Artigo 112 da LEP
^	Reincidente	20% - Artigo 112, inciso II, da LEP	^
Com violência ou grave ameaça Reincidente	Primário	25% - Artigo 112, inciso III, da LEP	1/6 - Artigo 112 da LEP
^	Reincidente	30% Artigo 112, inciso IV, da LEP	^
Crime hediondo ou equiparado	Primário	40% Artigo 112, inciso V, da LEP	2/5 - Art. 2º, § 2º, da Lei 8.072/90
^	^	Se houver morte: 50%, vedado o livramento condicional - Artigo 112, inciso VI, alínea "a", da LEP	^
^	Reincidente	60% - Artigo 112, inciso VII, da LEP	3/5 - Art. 2º, § 2º, da Lei 8.072/90
^	^	Se houver morte: 70%, vedado o livramento condicional - - Artigo 112, inciso VIII, da LEP	^
Comando, individual ou coletivo, de organização criminosa estruturada para a prática de crime hediondo ou equiparado	50% - Artigo 112, inciso VI, alínea "b", da LEP		1/6 - Artigo 112 da LEP
Milícia privada	50% - Artigo 112, inciso VI, alínea "c", da LEP		1/6 - Artigo 112 da LEP

Vale destacar que, em todos os casos, o apenado só terá direito à progressão de regime se ostentar boa conduta carcerária, comprovada pelo diretor do estabelecimento, respeitadas as normas que vedam a progressão. O bom comportamento é readquirido após 1 (um) ano da ocorrência do fato, ou antes, após o cumprimento do requisito temporal exigível para a obtenção do direito. O cometimento de falta grave (art. 50, LEP) durante a execução da pena privativa de liberdade interrompe o prazo para a obtenção da progressão no regime de cumprimento da pena, caso em que o reinício da contagem do requisito objetivo terá como base a pena remanescente. A decisão do juiz que determinar a progressão de regime será sempre motivada e precedida de manifestação do Ministério Público e do defensor, procedimento que também será adotado na concessão de livramento condicional, indulto e comutação de penas, respeitados os prazos previstos nas normas vigentes.

Atenção! Súmula STJ 491: É inadmissível a chamada progressão *per saltum* de regime prisional.

Súmula Vinculante 26: Para efeito de progressão de regime no cumprimento de pena por crime hediondo, ou equiparado, o juízo da execução observará a inconstitucionalidade do art. 2º da Lei 8.072, de 25 de julho de 1990, sem prejuízo de avaliar se o condenado preenche, ou não, os requisitos objetivos e subjetivos do benefício, podendo determinar, para tal fim, de modo fundamentado, a realização de exame criminológico.

BASTA OBSERVAR OS REQUISITOS OBJETIVOS E SUBJETIVOS OU TEMOS OUTRAS REGRAS?

Sim, existem regras específicas de um regime para o outro, além dos requisitos que explicamos acima. O ingresso do condenado em regime aberto supõe a aceitação de seu programa e das condições impostas pelo juiz e somente poderá ingressar no regime aberto se estiver trabalhando ou comprovar a possibilidade de fazê-lo imediatamente; se apresentar, pelos seus antecedentes ou pelo resultado dos exames a que foi submetido, fundados indícios de que irá ajustar-se, com autodisciplina e senso de responsabilidade, ao novo regime. O Juiz poderá, ainda, estabelecer condições especiais para a concessão do regime aberto, sem prejuízo das condições gerais e obrigatórias de permanecer no local que for designado, durante o repouso e nos dias de folga; de sair para o trabalho e retornar, nos horários fixados; de não se ausentar da cidade onde reside, sem autorização judicial; de comparecer a Juízo, para informar e justificar as suas atividades, quando for determinado. O Juiz poderá modificar as condições estabelecidas, de ofício, a requerimento do Ministério Público, da autoridade administrativa ou do condenado, desde que as circunstâncias assim o recomendem.

A PENA SERÁ CUMPRIDA SEMPRE PROGRESSIVAMENTE? EXISTE POSSIBILIDADE DE REGRESSÃO DO REGIME PENAL?

Sim, poderemos ter regressão de regime, com a transferência para qualquer dos regimes mais rigorosos, quando o condenado: praticar fato definido como crime doloso ou falta grave; sofrer condenação, por crime anterior, cuja pena, somada ao restante da pena em execução, torne incabível o regime (vide artigo 111, LEP). Nestas situações, deverá ser ouvido previamente o condenado. O condenado será transferido do regime aberto se, além das hipóteses referidas situações mencionadas, frustrar os fins da execução ou não pagar, podendo, a multa cumulativamente imposta.

> **Atenção!**
> **Súmula STJ 534:** "A prática de falta grave interrompe a contagem do prazo para a progressão de regime de cumprimento de pena, o qual se reinicia a partir do cometimento dessa infração" (**REsp 1364192**).

É VERDADE QUE MULHERES GESTANTE OU QUE FOR MÃE OU RESPONSÁVEL POR CRIANÇAS OU PESSOAS COM DEFICIÊNCIA POSSUEM REGRAS DIFERENCIADAS PARA A PROGRESSÃO DE REGIME?

Exatamente. Os requisitos cumulativos para progressão de regime caso de mulher gestante ou que for mãe ou responsável por crianças ou pessoas com deficiência, para progressão de regime, incluídos pela lei 13.796/2018, são:

a. não ter cometido crime com violência ou grave ameaça a pessoa;
b. não ter cometido o crime contra seu filho ou dependente;
c. ter cumprido ao menos **1/8 (um oitavo) da pena** no regime anterior;
d. ser primária e ter bom comportamento carcerário, comprovado pelo diretor do estabelecimento;
e. não ter integrado organização criminosa.

O cometimento de novo crime doloso ou falta grave implicará a revogação do benefício.

10.6. REMIÇÃO DA PENA

ESTANDO EM CUMPRIMENTO DE PENA, É POSSÍVEL DESCONTAR DE PARTE DO TEMPO DE EXECUÇÃO DA PENA PRIVATIVA DE LIBERDADE PELO TRABALHO REALIZADO OU ESTUDO?

Sim, se o condenado que cumpre a pena em regime fechado ou semiaberto poderá remir, por trabalho ou por estudo, parte do tempo de execução da pena. Para tanto, deve-se observar os seguintes requisitos, previstos no art. 126 da LEP:

REGRAS DE CONCESSÃO DA REMIÇÃO: competência do Juízo das Execuções		
Forma de remição	Forma de aquisição	Tempo a remir na pena
Remição pelo trabalho	3 dias de trabalho	1 dia de pena
Remição por estudo	12 horas de frequência escolar - atividade de ensino fundamental, médio, inclusive profissionalizante, ou superior, ou ainda de requalificação profissional, divididas em, no mínimo, 3 dias	1 dia de pena

Importante mencionar que as atividades de estudo poderão ser desenvolvidas de forma presencial ou por metodologia de ensino a distância e deverão ser certificadas pelas autoridades educacionais competentes dos cursos frequentados.

O tempo a remir em função das horas de estudo será acrescido de 1/3 (um terço) no caso de conclusão do ensino fundamental, médio ou superior durante o cumprimento da pena, desde que certificada pelo órgão competente do sistema de educação.

O condenado que cumpre pena em regime aberto ou semiaberto e o que usufrui liberdade condicional poderão remir, pela frequência a curso de ensino regular ou de educação profissional, parte do tempo de execução da pena ou do período de prova, observado o prazo descrito na tabela acima.

Importante mencionar que as regras de remição também se aplicam à prisão cautelar.

A remição será declarada pelo juiz da execução, ouvidos o Ministério Público e a defesa.

O tempo remido será computado como pena cumprida, para todos os efeitos.

É POSSÍVEL REMIR POR TRABALHO E POR ESTUDO AO MESMO TEMPO?

Sim, para fins de cumulação dos casos de remição, as horas diárias de trabalho e de estudo serão definidas de forma a se compatibilizarem. Vale destacar que o preso impossibilitado, por acidente, de prosseguir no trabalho ou nos estudos continuará a beneficiar-se com a remição.

EXISTE ALGUMA HIPÓTESE DE PERDA DE DIAS REMIDOS?

Sim, em caso de falta grave, o juiz poderá revogar **até 1/3** (um terço) do tempo remido, observando-se que a aplicação das sanções disciplinares, levar-se-ão em conta a natureza, os motivos, as circunstâncias e as consequências do fato, bem como a pessoa do faltoso e seu tempo de prisão, recomeçando a contagem a partir da data da infração disciplinar.

10.7. SUSPENSÃO CONDICIONAL DA PENA

O QUE DIFERENCIA A SUSPENSÃO CONDICIONAL DA PENA E A SUSPENSÃO CONDICIONAL DO PROCESSO? COMO PODEMOS IDENTIFICAR CADA UM DOS INSTITUTOS?

Vamos lá, a primeira diferenciação é o momento de possibilidade de incidência de cada instituto. No caso de **suspensão condicional do processo**, este instituto pode ocorrer no início da ação penal, obstando o seguimento desta. Nos crimes em que a pena mínima cominada for igual ou inferior a um ano, abrangidas ou não pelos requisitos da Lei 9099/95, o Ministério Público, ao oferecer a denúncia, poderá propor a suspensão do processo, por dois a quatro anos, desde que o acusado não esteja sendo processado ou não tenha sido condenado por outro crime, presentes os demais requisitos que autorizariam a suspensão condicional da pena, que estão previstos no art. 77 do Código Penal. Quando for proposta a suspensão condicional do processo, o acusado, junto com seu defensor, terá que manifestar se aceitam a proposta, na presença do Juiz. Em este, recebendo a denúncia, poderá se suspender o processo, submetendo o acusado a período de prova, sob as seguintes condições:

a. reparação do dano, salvo impossibilidade de fazê-lo;
b. proibição de frequentar determinados lugares;
c. proibição de ausentar-se da comarca onde reside, sem autorização do Juiz;
d. comparecimento pessoal e obrigatório a juízo, mensalmente, para informar e justificar suas atividades.

Além destas condições, o juiz poderá especificar outras a que fica subordinada a suspensão, desde que adequadas ao fato e à situação pessoal do acusado. A suspensão será revogada se, no curso do prazo, o beneficiário vier a ser processado por outro crime ou não efetuar, sem motivo justificado, a reparação do dano. A suspensão poderá ser revogada se o acusado vier a ser processado, no curso do prazo, por contravenção, ou descumprir qualquer outra condição imposta. Expirado o prazo sem revogação, o juiz declarará extinta a punibilidade. Não correrá a prescrição durante o prazo de suspensão do processo. Se o acusado não aceitar a proposta prevista neste artigo, o processo prosseguirá em seus ulteriores termos.

Já na **suspensão condicional da pena**, o processo tem seu devido seguimento, há uma sentença condenatória, mas o cumprimento da pena que é obstado em face da suspensão. Para facilitarmos a compreensão, montamos um quadro sinóptico:

SUSPENSÃO CONDICIONAL DA PENA

Espécie	Fundamento legal	Pressupostos	1° ano o beneficiário:
Simples	Art. 77, c/c 78, §1°	Período de prova de 2 a 4 anos	deverá o condenado prestar serviços à comunidade (art. 46) ou submeter-se à limitação de fim de semana (art. 48).
Especial	Art. 77, c/c 78, §2°	Período de prova de 2 a 4 anos; Reparação do dano ou comprovação de impossibilidade de fazê-lo; Condições favoráveis (art.59, CP)	Sujeita-se as condições do art.78, §2°, CP
Etário	Art. 77, §2°, 1ª parte	Período de prova de 4 a 6 anos; Maior de 70 anos	Sujeita-se as condições do art. 78, §1° ou §2°, conforme comprovação de reparação de dano ou impossibilidade de fazê-lo
Humanitário	Art. 77, §2°, 2ª parte	Período de prova de 4 a 6 anos; Condenado doente	Sujeita-se as condições do art. 78, §1° ou §2°, conforme comprovação de reparação de dano ou impossibilidade de fazê-lo

ENTÃO, O SUJEITO CONDENADO QUE PREENCHER OS REQUISITOS PARA A SUSPENSÃO CONDICIONAL DA PENA E QUE CUMPRE AS CONDIÇÕES IMPOSTAS, NÃO PRECISARÁ CUMPRIR A PPL, MAS E SE ELE DESCUMPRE ALGUMA DAS CONDIÇÕES IMPOSTAS, PODERÁ SER A SUSPENSÃO REVOGADA?

Sim, existem hipóteses de revogação obrigatória, de revogação facultativa e de cassação da suspensão. São elas:

a. Cabimento de revogação obrigatória
- condenado, em sentença irrecorrível, por crime doloso cometido antes ou depois do início do período de prova;
- não reparação do dano injustificadamente;

- descumprimento da condição do § 1º do art. 78.

b. Cabimento de revogação facultativa

- Descumprimento das demais condições;
- Condenação definitiva por crime culposo ou por contravenção penal, cuja pena cominada sena diversa da pena de multa.

c. Cassação

- Se, intimado pessoalmente ou por edital com prazo de 20 (vinte) dias, o réu não comparecer injustificadamente à audiência admonitória, a suspensão ficará sem efeito e será executada imediatamente a pena (art. 161, LEP);
- Se provido recurso da acusação contra a concessão da medida alternativa;
- Se o condenado se recusa a cumprir as condições atreladas ao benefício.

Destacamos ainda que é possível prorrogar, até o limite máximo, o tempo de cumprimento da suspensão, nos casos a seguir:

d. Prorrogação

Se o beneficiário for processado por outro crime ou contravenção penal;

Aos casos em que for facultativa a revogação e o juiz entender por prorrogar o período de prova até o máximo, se este não foi fixado, ao invés de decretar a revogação.

10.8. LIVRAMENTO CONDICIONAL

É POSSÍVEL O CONDENADO DEIXAR O SISTEMA PENITENCIÁRIO, ANTES DE TERMINAR O CUMPRIMENTO DA PPL, POR ALGUM INSTITUTO DO DIREITO PENAL, COMO UMA ANTECIPAÇÃO DA LIBERDADE?

Olha aí a resposta já na pergunta. Antecipar a liberdade no cumprimento da PPL é possível caso o condenado cumpra os requisitos objetivos e subjetivos para o instituto chamado liberdade ou livramento condicional. O pedido de livramento condicional deverá ser dirigido ao juiz da execução, que ouvirá o Ministério Público e o Conselho Penitenciário, para então decidir sobre a concessão do instituto, caso estejam presentes os requisitos do art. 83 do CP, tendo em vista se tratar de direito subjetivo do condenado. O livramento condicional também foi significativamente alterado pelo Pacote Anticrime. São requisitos para concessão do livramento condicional:

a. cumprimento de **mais de um terço da pena** se o condenado **não for reincidente em crime doloso** e tiver **bons antecedentes**;

b. cumprimento de **mais da metade** se o condenado for **reincidente em crime doloso**;

c. cumprimento de **mais de dois terços da pena**, nos casos de **condenação por crime hediondo, prática de tortura, tráfico ilícito de entorpecentes e drogas afins, tráfico de pessoas e terrorismo,** se o apenado **não for reincidente específico em crimes dessa natureza** (se a prática do crime hediondo ou equiparado tiver resultado morte, o livramento condicional será VEDADO, independentemente do condenado ser primário ou reincidente);

d. comprovação de:

   d.1 bom comportamento durante a execução da pena;

   d.2 não cometimento de falta grave nos últimos 12 (doze) meses

d.3 bom desempenho no trabalho que lhe foi atribuído; e
d.4 aptidão para prover a própria subsistência mediante trabalho honesto;
e. reparação do dano causado pela infração, salvo efetiva impossibilidade de fazê-lo, o dano causado pela infração

Cuidado que, nos casos de condenado por crime doloso, que tiver cometido a infração com violência ou grave ameaça à pessoa, a concessão do livramento ficará também subordinada à constatação de condições pessoais que façam presumir que o liberado não voltará a delinquir. Além dos requisitos constantes no art. 83 do CP, existem condições a serem cumpridas ao condenado liberado condicionalmente. São condições obrigatórias (art. 132, §1º, LEP):

a. obter ocupação lícita, dentro de prazo razoável se for apto para o trabalho;
b. comunicar periodicamente ao Juiz sua ocupação;
c. não mudar do território da comarca do Juízo da execução, sem prévia autorização deste.

Poderão ainda ser impostas ao liberado condicional, entre outras obrigações (rol exemplificativo do art. 132, §2º, LEP), as seguintes:

a. não mudar de residência sem comunicação ao Juiz e à autoridade incumbida da observação cautelar e de proteção;
b. recolher-se à habitação em hora fixada;
c. não frequentar determinados lugares.

QUAL MOTIVO OU QUAIS MOTIVOS PODEM LEVAR À SUSPENSÃO DO LIVRAMENTO CONDICIONAL?

A LEP prevê a suspensão do benefício caso o liberado condicional pratique crime na vigência do livramento, caso em que o juiz poderá ordenar a sua prisão, ouvidos o Conselho Penitenciário e o Ministério Público, suspendendo o curso do livramento condicional, cuja revogação, entretanto, ficará dependendo da decisão final.

11. AÇÃO PENAL

FALAMOS DE IDENTIFICAR TODOS OS ELEMENTOS PARA SABER QUAL A INFRAÇÃO PENAL PRATICADA E, TAMBÉM, COMO FAZER TODA A APLICAÇÃO DA SANÇÃO PENAL CABÍVEL. MAS, COMO O ESTADO CHEGARÁ ATÉ A APLICAÇÃO DO *JUS PUNIENDI?*

Importante saber que é na persecução penal que o direito penal material terá alcançado seu solidificação. O Estado, em sua função jurisdicional, deverá ser provocado pelo titular da ação, para que analise o caso em concreto e proporcione a resposta jurisdicional cabível. Tudo isso se dará por meio da ação penal, que é um direito subjetivo de requerer ao Estado-Juiz que se aplique o direito penal objetivo a um caso concreto. As ações penais dividem-se em:

a. ação penal pública: cuja titularidade da ação é do Ministério Público. Podem se subdividir em ação penal pública incondicionada (quando a lei não faz qualquer ressalva) e ação penal pública condicionada a representação ou requisição (casos em que a lei é expressa na condição de procedibilidade da ação penal depender do requisito da representação ou da requisição);

b. ação penal privada: são ações cuja titularidade não é do Ministério Público, mas, sim, do ofendido ou de seus representantes legais, nos casos de ação penal privada propriamente dita; destaque-se que, no caso de ação penal personalíssima, somente o ofendido poderá propor ação, é o caso do art. 236 do CP.

c. ação penal privada subsidiária da pública: são aquelas em que, por inércia do Ministério Público, nos casos em que não oferece a denúncia no prazo legal (art. 46, CPP), poderão ser propostas pelo ofendido, seu representante legal ou seus sucessores (art. 31, CPP c/c art. 100, § 4º, CP).

12. EXTINÇÃO DE PUNIBILIDADE

TIRANDO A CIRCUNSTÂNCIA DE CUMPRIR EFETIVAMENTE A PENA OU UM BENEFÍCIO CONCEDIDO, COMO A SUSPENSÃO CONDICIONAL DA PENA, EXISTEM OUTRAS FORMAS DE SER DECLARADA A EXTINÇÃO DE PUNIBILIDADE DE UM RÉU?

O art. 107 do CP constitui um rol exemplificativo de causas extintivas de punibilidade. É possível encontrarmos outras causas específicas de extinção de punibilidade, não apenas na legislação extravagante, mas, até mesmo no Código de Processo Penal, como o acordo de não persecução penal, introduzido no CPP pelo Pacote Anticrime.

Em qualquer fase do processo, o juiz, se reconhecer extinta a punibilidade, deverá declará-lo de ofício. No caso de requerimento do Ministério Público, do querelante ou do réu, o juiz mandará autuá-lo em apartado, ouvirá a parte contrária e, se o julgar conveniente, concederá o prazo de cinco dias para a prova, proferindo a decisão dentro de cinco dias ou reservando-se para apreciar a matéria na sentença final (art. 61, CPP). Em análise ao art. 107, extingue-se a punibilidade:

a. pela **morte do agente**: no caso de morte do acusado, o juiz somente à vista da certidão de óbito, e depois de ouvido o Ministério Público, declarará extinta a punibilidade (art. 62, CPP);
b. pela anistia, graça ou indulto: **anistia**: em relação a fatos específicos, emana do congresso nacional;
c. através de lei penal anômala, nasce para extinguir a punibilidade (esquecendo um fato criminoso, por razões de clemência, política ou por razões sociais, restando a lei incriminadora preservada; difere-se da *abolitio* criminis, que recai sobre a lei em abstrato, suprimindo

a figura criminosa, formal e materialmente); não pode existir lei posterior revogando lei já promulgada de anistia; a anistia decorre de uma declaração do Poder Público em relação a determinados fatos que se tornam impuníveis por motivo de utilidade social. A concessão é feita por meio do Congresso Nacional, submetida à sanção da Presidência da República e não está vinculada a pessoas, mas sim, a fatos, ou seja, subsistem os efeitos civis, caso assim existam. Pode ser concedida antes da condenação definitiva: **anistia própria**; ou depois da condenação irrecorrível: **anistia imprópria**. divide-se em: **plena** (alcança todos os participantes do fato infracional penal) e **restrita** (favorece apenas alguns participantes deste fato). **Graça**: espécie de perdão individual, concedido mediante decreto da presidência da república. **Indulto**: medida coletiva que visa atingir um grupo de pessoas condenadas, também concedido mediante decreto da presidência da república;

d. pela retroatividade de lei que não mais considera o fato como criminoso: também denominado *abolitio criminis*, instituto analisado no tópico de lei penal no tempo;

e. pela **prescrição, decadência ou perempção**: a prescrição regula-se pelo máximo da pena privativa de liberdade cominada ao crime e corresponde o direito do Estado de punir alguém por um crime cometido, porém, para tanto, deverá exercer este direito dentro de um lapso de tempo, em regra:

PENA	PRESCRIÇÃO
+12 anos	20 anos
+8 anos até 12 anos	16 anos
+4 anos até 8 anos	12 anos
+2 anos até 4 anos	08 anos
= ou + 1 ano até 2 anos	04 anos
-1 ano	03 anos

São reduzidos de metade os prazos de prescrição quando o criminoso era, ao tempo do crime, menor de 21 (vinte e um) anos, ou, na data da sentença, maior de 70 (setenta) anos (art. 115, CP). A prescrição da pena de multa ocorrerá: em 2 (dois) anos, quando a multa for a única cominada ou aplicada; no mesmo prazo estabelecido para prescrição da pena privativa de liberdade, quando a multa for alternativa ou cumulativamente cominada ou cumulativamente aplicada. As **causas impeditivas da prescrição** estão dispostas no art. 116, do CP; já as **causas interruptivas da prescrição** possuem respaldo no art. 117. O ofendido **decai do direito de queixa ou de representação** se não o exerce dentro do prazo de 6 (seis) meses, contado do dia em que veio a saber quem é o autor do crime, ou, no caso do § 3º do art. 100 do CP, do dia em que se esgota o prazo para oferecimento da denúncia. Conforme art. 60, do CPP, nos casos em que somente se procede mediante queixa, **considerar-se-á perempta a ação penal**: I - quando, iniciada esta, o querelante deixar de promover o andamento do processo durante 30 dias seguidos; II - quando, falecendo o querelante, ou sobrevindo sua incapacidade, não comparecer em juízo, para prosseguir no processo, dentro do prazo de 60 (sessenta) dias, qualquer das pessoas a quem couber fazê-lo, ressalvado o disposto no art. 36, do CPP; III - quando o querelante deixar de comparecer, sem motivo justificado, a qualquer ato do processo a que deva estar presente, ou deixar de formular o pedido de condenação nas alegações finais; IV - quando, sendo o querelante pessoa jurídica, esta se extinguir sem deixar sucessor.

   f. pela **renúncia do direito de queixa** ou pelo **perdão aceito**, nos crimes de ação privada: o direito de queixa não pode ser exercido quando renunciado expressa ou tacitamente. Importa renúncia tácita ao direito de queixa a prática de ato incompatível com a vontade de exercê-lo; não a implica, todavia, o fato de receber o ofendido a indenização do dano causado pelo crime (art.104, CP). O perdão do ofendido, nos crimes em que somente se procede mediante queixa, obsta ao prosseguimento da ação. O perdão, no processo ou fora dele, expresso ou tácito: se concedido a qualquer dos querelados, a todos aproveita; se concedido por um dos ofendidos, não prejudica o direito dos outros; se o querelado o recusa, não produz efeito. O perdão tácito é o que resulta da prática de ato incompatível com a vontade de prosseguir na ação. Não é admissível o perdão depois que passa em julgado a sentença condenatória (art. 106, CP). Para facilitar sua compreensão na diferenciação do instituto renúncia e perdão, vamos compará-los:

RENÚNCIA	PERDÃO
Trata-se de instituto pré-processual (deve ocorrer antes do início da ação penal)	Instituto processual, podendo incidir entre o início da ação penal até o trânsito em julgado da sentença condenatória
Constitui em ato unilateral, não dependendo de anuência do sujeito ativo do delito	Constitui ato bilateral, dependendo da concordância do querelado
A renúncia feita apenas a um dos sujeitos ativos necessariamente se estenderá aos demais (art. 49, CPP)	Se concedido apenas a um dos agentes, não necessariamente se estenderá aos demais, devendo-se, entretanto, obrigatoriamente, intimar os demais querelados, que se manifestarão se aceitarão ou não, seguindo-se a ação penal contra quem não aceitar (art. 51, CPP)

g. pela **retratação** do agente, nos casos em que a lei a admite: exemplo do art. 143 - O querelado que, antes da sentença, se retrata cabalmente da calúnia ou da difamação, fica isento de pena.

h. pelo **perdão judicial**, nos casos previstos em lei: a sentença que conceder perdão judicial não será considerada para efeitos de reincidência. Exemplo: art. 121, § 5º, CP - Na hipótese de homicídio culposo, o juiz poderá deixar de aplicar a pena, se as consequências da infração atingirem o próprio agente de forma tão grave que a sanção penal se torne desnecessária.

ATENÇÃO À NOVIDADE LEGISLATIVA ACERCA DA PRESCRIÇÃO

Com relação ao termo inicial da prescrição antes de transitar em julgado a sentença final, a Lei n. 14.344/2022 acrescentou um inciso ao art. 111 do CP, que passou a figurar com o seguinte texto:

Termo inicial da prescrição antes de transitar em julgado a sentença final

> Art. 111 - A prescrição, antes de transitar em julgado a sentença final, começa a correr: (Redação dada pela Lei nº 7.209, de 11.7.1984)
> I - do dia em que o crime se consumou;
> II - no caso de tentativa, do dia em que cessou a atividade criminosa;
> III - nos crimes permanentes, do dia em que cessou a permanência;
> IV - nos de bigamia e nos de falsificação ou alteração de assentamento do registro civil, da data em que o fato se tornou conhecido.
> **V - nos crimes contra a dignidade sexual ou que envolvam violência contra a criança e o adolescente, previstos neste Código ou em legislação especial, da data em que a vítima completar 18 (dezoito) anos, salvo se a esse tempo já houver sido proposta a ação penal. (Redação dada pela Lei nº 14.344, de 2022)**

13. CRIMES CONTRA A VIDA

13.1. HOMICÍDIO - ART.121

O BEM JURÍDICO DE MAIOR RELEVÂNCIA NA SOCIEDADE É A PESSOA, NÃO É? POR ISSO O FATO DE RETIRAR A VIDA HUMANA ALHEIA, DESDE OS PRIMÓRDIOS DA HISTÓRIA É CONSIDERADO CRIME?

Isso mesmo, apesar das condutas penais se modificaram ao longo dos anos, deixando umas condutas de serem crimes (*abolitio criminis*) e outras passando a serem incorporadas no ordenamento jurídico, conforme determinada situação surge (*novatio legis* incriminadora), a retirada da vida humana sempre teve relevante impacto. Entretanto, quando falamos de vida humana, necessário distinguir que temos dois tipos de bens jurídicos protegidos pelo Direito Penal, em tipificações diversas, temos:

a. a vida humana intrauterina (que possui proteção nos arts. 124 a 128, do CP); e
b. a **vida humana extrauterina**, protegida pela previsão contida nos arts. 121, 122 e 123, do CP, cada tipificação desta possui singularidades quanto à conduta penal.

E, por falar do art. 121, muitas coisas precisamos observar aqui. Primeira coisa, é a divisão estrutural do art. 121, temos:

- Homicídio Simples (caput)
- Homicídio Privilegiado (§1º)
- Homicídio Qualificado (§2º) (aqui, duas qualificadores se destacam: o feminicídio, no inciso VI; e o homicídio funcional, no inciso VII; observe, ainda,

que o Pacote Anticrime trouxe uma nova qualificadora no inciso VIII, qual seja "com emprego de arma de fogo de uso restrito ou proibido")
- Homicídio Culposo (§3º)
- Norma explicativa: §2º- A
- Perdão Judicial: §5º
- Causas de aumento de pena/Majorantes: §§4º, 6º e 7º

E, lembre-se, o homicídio, em todas as hipóteses, é crime não transeunte, ou seja, que deixa vestígio, necessitando de prova de exame de corpo de delito (vide arts. 158 e 167, CPP).

COMO CARACTERIZAR UM HOMICÍDIO PRIVILEGIADO?

O homicídio privilegiado é causa especial de redução de pena que será computada na 3ª fase da dosimetria. Os critérios de privilegiamento são sempre motivacionais, ou seja, de natureza subjetiva:

a. relevante valor social: interesse de toda a coletividade (interesse nobre e altruístico);
b. relevante valor moral: interesses individuais, particulares do agente, entre eles os sentimentos de piedade, misericórdia, compaixão;
c. domínio de violenta emoção, logo em seguida a injusta provocação da vítima. logo em seguida não necessariamente caracteriza instantaneidade, mas é preciso que não haja uma ruptura da injusta agressão (condutas incitantes, desafiadoras e/ou injuriosas) com a repulsa desta no contexto fático. Quem decide pelo privilegiamento ou a não incidência desta causa de redução de pena é o Conselho de Sentença, no Tribunal do Júri (art. 483, §3º, inciso I, do CPP), por meio de quesitação. Em sendo constatado o privilegiamento, será obrigatória a aplicação da causa de redução.

Vale lembrar que não se comunica o privilegiamento aos demais agentes em concurso de pessoas. Salvo em casos de família. Exemplo: estupro da menina X, em que pai e irmão decidem matar o estuprador logo em seguida à prática do ato.

É POSSÍVEL FALARMOS DE HOMICÍDIO PRIVILEGIADO-QUALIFICADO?

O homicídio privilegiado não é elementar do crime, mas sim, circunstâncias, daí porque não se comunica entre coautores (art. 30, CP). Podemos ter homicídio privilegiado-qualificado quando = motivação (§1º) + meios/modo de execução (§2º, III, IV e VIII). Quando o homicídio for privilegiado-qualificado não incidirá a hediondez (lei 8072/1990). Vale destacar que o inciso IV, do §2º, deste artigo 121, na hipótese de "traição", tem sido entendido pela doutrina que se refere à uma qualificadora de ordem subjetiva, relacionando-se a traição a uma quebra de confiança, razão pela qual não seria compatível com alguma privilegiadora.

NEM TODA CONDUTA DE HOMICÍDIO SERÁ DE RESULTADO INSTANTÂNEO, ENTÃO, COMO DEFINIR O MOMENTO CONSUMATIVO?

O momento consumativo ocorre com a morte encefálica da vítima, em conformidade com a lei nº 9434/1997, que dispõe sobre a remoção de órgãos, tecidos e partes do corpo humano para fins de transplante e tratamento.

E O CRIME DE HOMICÍDIO QUALIFICADO, O JUIZ PODE USAR TODAS AS SITUAÇÕES QUALIFICADORAS DE UMA VEZ SÓ?

O juiz se vale apenas de uma das qualificadoras para fixação da primeira fase na dosimetria da pena. Caso exista mais de uma circunstância, o juiz utilizará uma para fixar o crime como qualificado e as demais poderão ser circunstâncias legais ou judiciais (2ª e 1ª fases da dosimetria, respectivamente).

É POSSÍVEL QUE EM UMA SITUAÇÃO HIPOTÉTICA, UM DETERMINADO SUJEITO ATIRE EM SUA VÍTIMA, ACREDITANDO SE TRATAR DE, POR EXEMPLO, O SUPOSTO ESTUPRADOR DE SUA ENTEADA, AGINDO ASSIM, POR MOTIVO DE RELEVANTE VALOR MORAL E, APÓS COMETER A CONDUTA, DESCUBRA QUE A VÍTIMA ERA O IRMÃO GÊMEO DO SUPOSTO ESTUPRADOR. HAVERÁ ALGUMA IMPLICAÇÃO PENAL NA RESPONSABILIDADE DO SUJEITO ATIVO NESTA SITUAÇÃO.

Sim, é importante lembrarmos o tema de teoria do erro de tipo para analisar e solucionar esta questão. De acordo com a teoria do erro de tipo acidental, na modalidade de erro sobre a pessoa, quando o sujeito ativo acredita estar agindo contra sua real vítima, mas, na verdade, está incidindo em erro – restando claro o contexto de que, de fato, o sujeito ativo acreditava estar atirando no irmão gêmeo que havia supostamente estuprado sua enteada, no caso narrado – estaremos diante das implicações legais constantes no art. 20, §3º, do CP, ou seja, "o erro quanto à pessoa contra a qual o crime é praticado não isenta de pena. Não se consideram, neste caso, as condições ou qualidades da vítima, senão as da pessoa contra quem o agente queria praticar o crime".

SE O AGENTE SE DIRIGE ATÉ SUA VÍTIMA, COM A INTENÇÃO DE MATÁ-LA E, CHEGANDO AO LOCAL, APONTA A ARMA DE FOGO, MAS, ANTES DE DESFERIR UM TIRO LETAL, DESISTE DE PROSSEGUIR NA AÇÃO, COMO DEVEREMOS RESPONSABILIZAR ESTE SUJEITO?

De acordo com o contexto narrado, a desistência voluntária faz com que o indivíduo responda apenas pelos atos praticados que constituem infração penal, desconsiderando seu intento inicial. Ou seja, neste caso, não responderá por tentativa, apesar de ter dado início ao ato executório, mas, como não chegou a desferir algum disparo de arma de fogo, se for observado no contexto que a vítima ficou aterrorizada diante da arma de fogo apontada em sua direção, poderemos ter a responsabilização pelo crime de ameaça (art. 147, CP). Se o sujeito tivesse disparado e atingido a vítima, socorrendo-a imediatamente, por sua livre e espontânea vontade, evitando o resultado consumativo da morte, responderia por lesão corporal apenas, levando-se em consideração, nesta nova hipótese, a incidência do instituto de arrependimento eficaz.

E SE O SUJEITO USA UM VEÍCULO AUTOMOTOR PARA PRATICAR O HOMICÍDIO, SERÁ HIPÓTESE DE INCIDÊNCIA DO CÓDIGO PENAL OU DO CÓDIGO DE TRÂNSITO BRASILEIRO?

Boa pergunta, a utilização do veículo automotor, dolosamente, enquanto instrumento do crime de homicídio afasta a incidência do CTB, recaindo a conduta no art. 121, do CP. Isso porque o CTB, de acordo com o princípio da especialidade, objetiva responsabilizar a hipótese de homicídio culposo na direção de veículo automotor, logo, se alguém faz uso, dolosamente, de veículo para atingir a vítima, atropelando-a e matando-a, não teremos um crime culposo, mas, sim, doloso.

FALANDO EM HIPÓTESES DE QUALIFICADORA, O FEMINICÍDIO É UMA SITUAÇÃO DE HOMICÍDIO PRATICADO CONTRA MULHER, POR RAZÕES DA CONDIÇÃO DE SEXO FEMININO, MAS O QUE É ESTA RAZÃO DA CONDIÇÃO DE SEXO FEMININO?

O próprio art. 121, traz uma norma explicativa no §2º-A, descrevendo o que deve ser entendida pela expressão "por razão da condição de sexo feminino", considerando que há razões de condição de sexo feminino quando o crime envolve:

a. violência doméstica e familiar (consulte a lei 11.340/2006 – Lei Maria da Penha, especialmente em seu art. 7º, onde trata das formas de violência, mas também o art. 5º, onde se descreve o âmbito de incidência desta citada lei);

b. menosprezo ou discriminação à condição de mulher.

Lembre-se que o feminicídio possui como causas de aumento de pena (majorantes) o fato do crime ser praticado:
a. durante a gestação ou nos 3 (três) meses posteriores ao parto;
b. contra pessoa menor de 14 (catorze) anos, maior de 60 (sessenta) anos, com deficiência ou portadora de doenças degenerativas que acarretem condição limitante ou de vulnerabilidade física ou mental;
c. na presença física ou virtual de descendente ou de ascendente da vítima;
d. em descumprimento das medidas protetivas de urgência previstas nos incisos I, II e III do caput do art. 22 da Lei nº 11.340, de 7 de agosto de 2006.

ATENÇÃO QUANTO À NOVIDADE LEGISLATIVA ACERCA DO HOMICÍDIO CONTRA MENOR DE QUATORZE ANOS

A Lei n. 14.344/2022 promoveu algumas alterações no Código Penal, e uma delas diz respeito a qualificadora do homicídio quando ele ocorre contra pessoa menor de quatorze anos, em conformidade com o art. 121, inciso IX.

Cumpre registrar, nesse sentido, que houve acréscimo ainda do § 2º-B ao art. 121, que diz o seguinte:

> § 2º-B. A pena do homicídio contra menor de 14 (quatorze) anos é aumentada de: (Incluído pela Lei nº 14.344, de 2022)
> I - 1/3 (um terço) até a metade se a vítima é pessoa com deficiência ou com doença que implique o aumento de sua vulnerabilidade; (Incluído pela Lei nº 14.344, de 2022)
> II - 2/3 (dois terços) se o autor é ascendente, padrasto ou madrasta, tio, irmão, cônjuge, companheiro, tutor, curador, preceptor ou empregador da vítima ou por qualquer outro título tiver autoridade sobre ela. (Incluído pela Lei nº 14.344, de 2022)

13.2. INDUZIMENTO, INSTIGAÇÃO OU AUXÍLIO A SUICÍDIO OU A AUTOMUTILAÇÃO

O CRIME DO ART. 122 É DE COMPETÊNCIA DO TRIBUNAL DO JÚRI, POR SE TRATAR DE CRIME DOLOSO CONTRA A VIDA?

Boa pergunta, com a redação dada pela Lei nº 13.968, de 2019, foi inclusa a hipótese de automutilação no art. 122, mesmo embora não atentando contra a vida, e sim contra a lesão corporal. Então, apenas no que se refere ao induzimento, à instigação ou ao auxílio ao suicídio, será crime doloso contra a vida de competência do Tribunal do Júri. Mas no caso de induzimento, instigação ou auxílio à automutilação será de competência de Juizado Especial criminal ou vara criminal comum, conforme seja a modalidade do crime praticado.

SÓ VAI EXISTIR O CRIME QUANDO RESULTAR EM LESÃO CORPORAL DE NATUREZA GRAVE OU MORTE?

Não mais, estas eram as condições para existência de punição pelo crime, antes da redação dada pela Lei 13968/2019. Agora, mesmo que o suicídio não se consume, resultando em lesão leve ou contravenção penal de vias de fato, por exemplo, já constitui a modalidade simples do tipo penal, prevista no *caput* do art. 122. Na atual redação, inclusive, caso resulte lesão corporal de natureza grave, gravíssima ou seguida de morte, poderá ser a forma qualificada do tipo (§§ 1º e 2º), ou – se o fato for cometido contra menor de 14 (quatorze) anos ou contra quem não tem o necessário discernimento para a prática do ato, ou que, por qualquer outra causa, não pode oferecer resistência – poderá ser art. 129, §2º, se resultar lesão corporal de natureza grave; ou, se resultar em morte, será o art. 121.

EM LINHAS GERAIS, COMO PODEMOS DESTACAR AS PRINCIPAIS CARACTERÍSTICAS DO TIPO PENAL DO ART. 122?

a. Sujeito ativo: qualquer pessoa (crime comum);
b. Sujeito passivo: qualquer pessoa, ressalvadas as hipóteses das figuras descritas nos §§6º e 7º;
c. Bem jurídico tutelado: vida humana extrauterina;
d. Objeto material: a vida ou o corpo de alguém, salvo se o crime de que trata o § 1º deste artigo resulta em lesão corporal de natureza gravíssima e é cometido contra menor de 14 (quatorze) anos ou contra quem, por enfermidade ou deficiência mental, não tem o necessário discernimento para a prática do ato, ou que, por qualquer outra causa, não pode oferecer resistência, responde o agente pelo crime descrito no § 2º do art. 129 deste Código; se o crime de que trata o § 2º deste artigo é cometido contra menor de 14 (quatorze) anos ou contra quem não tem o necessário discernimento para a prática do ato, ou que, por qualquer outra causa, não pode oferecer resistência, responde o agente pelo crime de homicídio, nos termos do art. 121 deste Código.
e. Formas qualificadoras:

> § 1º Se da automutilação ou da tentativa de suicídio resulta lesão corporal de natureza grave ou gravíssima, nos termos dos §§ 1º e 2º do art. 129 deste Código: (Incluído pela Lei nº 13.968, de 2019) Pena - reclusão, de 1 (um) a 3 (três) anos. (Incluído pela Lei nº 13.968, de 2019)
> § 2º Se o suicídio se consuma ou se da automutilação resulta morte: (Incluído pela Lei nº 13.968, de 2019)
> Pena - reclusão, de 2 (dois) a 6 (seis) anos. (Incluído pela Lei nº 13.968, de 2019)

f. Aumento de pena: se o crime é praticado por motivo egoístico, torpe ou fútil; se a vítima é menor ou tem diminuída, por qualquer causa, a capacidade de resistência; se a conduta é realizada por meio da rede de computadores, de rede social ou transmitida em tempo real; se o agente é líder ou coordenador de grupo ou de rede virtual.

13.3. INFANTICÍDIO

O INFANTICÍDIO PODE SER PRATICADO POR QUALQUER PESSOA, JÁ QUE O TIPO PENAL NÃO PREVÊ EXPRESSAMENTE QUE SEJA A MÃE A PRATICAR A CONDUTA DELITIVA?

Apesar de não estar expresso, mas os elementos do tipo penal direcionam que é a pessoa gestante que possui o estado puerperal e que está no tempo descrito no tipo de execução do crime, qual seja, durante o parte ou logo após este. O estado puerperal é alteração bioquímica, não necessitando comprovação e diferencia-se de patologias com fundamentações psíquicas ou psicológicas (como, por exemplo, depressão pós-parto, que requer demonstração por meio pericial). Assim sendo, o infanticídio é um crime bipróprio e a elementar deve se comunicar com eventual coautor.

COMO PODEMOS DIFERENCIAR O HOMICÍDIO, DO INFANTICÍDIO E DO ABORTO, QUANDO SER TRATAR DE MÃE QUE ATENTE CONTRA A VIDA DO PRÓPRIO FILHO?

O ponto de observação essencial é o momento de ocorrência da conduta delitiva. No caso do aborto, deve ser praticada a conduta contra vida humana intrauterina, ou seja, antes do parto começar a ocorrer. Já no infanticídio, a prática da conduta é contra vida humana extrauterina, porque já ocorre durante o parto ou logo após este, estando a gestante sob a influência do estado puerperal. No homicídio, podemos ter duas situações: ser praticado em face de crime que não é o que está nascendo ou que acabou de nascer; ou se praticado muito tempo após o parto.

13.4. ABORTO

ENTÃO O ABORTO OCORRE QUANDO SE TENTA ATINGIR A VIDA HUMANA INTRAUTERINA?

Exato. Primeira coisa a observar é que não se pune o aborto natural ou espontâneo, decorrente de causas patológicas por um processo fisiológico espontâneo do organismo feminino, nem o aborto acidental, que pode decorrer de causas exteriores e/ou traumáticas, como a gestante escorregar e cair, sem querer, de uma calçada ou uma escada. Também constitui fato atípico o aborto culposo, aquele que resulta de culpa, de uma conduta imprudente, negligente ou imperita. No caso da art. 124, o crime de autoaborto ou consentimento para realização do aborto somente a gestante poderá praticar a conduta, logo, é crime próprio. Assim como nas demais modalidades de aborto, dos arts. 125 e 126, o bem jurídico é a vida humana extrauterina, o objeto material é o embrião ou feto. Eventualmente, a gestante também poderá ser atingida, conforme previsão das majorantes (embora a nomenclatura do art. 127 traga a expressão "forma qualificada"), se, em consequência do aborto ou dos meios empregados para provocá-lo, a gestante sofre lesão corporal de natureza grave ou se, por qualquer dessas causas, lhe sobrevém a morte.

SE TEMOS UM TIPO PENAL PARA A GESTANTE QUE CONSENTE PARA QUE OUTREM LHE PRATIQUE O ABORTO E OUTREM QUE PRATIQUE O ABORTO NELA, ENTÃO, MESMO QUE A INTENÇÃO DE AMBOS SEJA O RESULTADO ABORTO, NÃO SE APLICA O MESMO TIPO PENAL PARA OS DOIS, JÁ QUE ADOTAMOS A TEORIA MONISTA NO CONCURSO DE PESSOAS?

O resultado de aborto foge à teoria pluralista, caso a gestante consinta ao aborto e outrem lhe pratique com este consentimento. Não se aplica a teoria monista do concurso de pessoas, mas sim, a teoria pluralista, cada um receberá a uma figura penal, tendo em vista as peculiaridades do crime (não apenas a vida humana intrauterina é atingida, mas, também, a vida humana extrauterina pode ser atingida).

HÁ A POSSIBILIDADE DE ALGUMA FORMA DE EXCLUDENTE DE ILICITUDE NO CASO DE ABORTO, COMO NO CASO DE FETO ANENCEFÁLICO?

A ação de descumprimento de preceito fundamental 54 surgiu da necessidade de análise de uma situação não inclusa no art. 128, do CP, onde – neste artigo – constam duas situações específicas de exclusão de ilicitude para a prática do aborto. O fato é típico, mas não será antijurídico se o médico realizar o procedimento abortivo nos casos em que não há outro meio de salvar a vida da gestante (aborto necessário) ou se a gravidez resulta de estupro e o aborto é precedido de consentimento da gestante ou, quando incapaz, de seu representante legal (aborto no caso de gravidez resultante de estupro). Na ADPF 54 foi debatido e possibilitada uma situação excepcional de excludente de ilicitude do aborto, nos casos de anencefalia.

13.5. LESÃO CORPORAL

O QUE CORRESPONDE INTEGRIDADE CORPORAL E SAÚDE NO TIPO PENAL DE LESÃO CORPORAL?

Quando falamos de integridade corporal e saúde, estamos abrangendo não apenas a integridade física, mas também a saúde psíquica e a fisiológica (de órgãos e funções). A legislação não pune a autolesão, exceto em casos de retirada de órgãos para fins de venda (Lei 9434/97) ou para fraude em recebimento de seguro, por exemplo; bem como, nos casos de autoria mediata por autolesão que foi induzida à incapaz. Lesão aos mortos também não caracteriza o art. 129, mas pode se enquadrar nos artigos 211 ou 212 da precitada lei, pela violação do respeito aos mortos.

QUAIS AS PRINCIPAIS CARACTERÍSTICAS DO CRIME DE LESÃO CORPORAL?

Podemos destacar as seguintes:

a. Modalidades: lesão corporal de natureza leve, de natureza grave, de natureza gravíssima (divisão feita pela doutrina), lesão corporal seguida de morte (preterdolosa), lesão corporal privilegiada (art.129, §4°), lesão corporal culposa, lesão corporal decorrente de violência doméstica, lesão corporal funcional.
b. Sujeito ativo do crime: qualquer pessoa
c. Sujeito passivo do crime: qualquer pessoa, salvo nos casos de lesão corporal funcional e das situações de mulher grávida (§1°, IV e §2°, V).
d. Elemento subjetivo: animus laedendi ou animus nocendi
e. Quanto ao elemento subjetivo, a lesão pode ser: dolosa simples (caput); dolosa qualificada (§§1°, 2° e 3°); dolosa privilegiada (§§4° e 5°); culposa (§6°).

f. Quanto à intensidade, à título doloso, a lesão pode ser: leve (caput); grave (§1º); gravíssima (§2º); seguida de morte (§3º). São causas de intensidade da lesão praticada à título doloso, que resultam em qualificadores do crime:

Lesão corporal de natureza grave	Lesão corporal de natureza gravíssima
Incapacidade para as ocupações habituais, por mais de trinta dias	Incapacidade permanente para o trabalho
perigo de vida	enfermidade incurável
debilidade permanente de membro, sentido ou função	perda ou inutilização do membro, sentido ou função
-------------------------	deformidade permanente
aceleração de parto	aborto

COMO É POSSÍVEL DIFERENCIAR A LESÃO CORPORAL QUE CAUSA ABORTO E O ABORTO COM EMPREGO DE LESÃO CORPORAL PARA ATINGIR O FIM ABORTIVO?

Diferenciando lesão corporal que cause aborto e do aborto consumado ou tentado por meio de lesão corporal:

	TIPO SUBJETIVO	RESULTADO AGRAVADOR
ART 127	Causar abortamento	Lesão culposa
ART 129, §2º, V	Causar lesão	Abortamento culposo

SE A LESÃO CORPORAL FOR EM CONTEXTO DE VIOLÊNCIA DOMÉSTICA OU FAMILIAR, A VÍTIMA DEVERÁ SER DE GÊNERO FEMININO SEMPRE?

Na lesão corporal decorrente de violência doméstica, o sujeito passivo pode ser pessoa de gênero feminino ou masculino, mas se for de gênero feminino terá a ampliação das proteções dispostas na Lei Maria da Penha (Lei 11340/06).

13.6. PERIGO DE CONTÁGIO VENÉREO

NO CRIME DE PERIGO DE CONTÁGIO DE MOLÉSTIA VENÉREA, QUALQUER PESSOA PODERÁ PRATICAR A CONDUTA PENAL DO ART. 130?

Qualquer pessoa, desde que portadora de moléstia venérea. Cabe destacar que este é um crime de ação vinculada, pois exige a existência de relação sexual com intenção de contaminação, ainda que esta não venha a ocorrer (dolo de perigo). Importante mencionar, também, que o sujeito passivo poderá ser qualquer pessoa, contudo, entende-se que pessoa já contaminada caracteriza crime impossível, salvo nos casos que a nova contaminação agrave diretamente a doença da vítima. As moléstias venéreas dependem de determinação do Ministério da Saúde, por isso, trata-se de norma penal em branco.

13.7. PERIGO DE CONTÁGIO DE MOLÉSTIA GRAVE

COMO DIFERENCIAR O CRIME PERIGO DE CONTÁGIO DE MOLÉSTIA VENÉREA DO CRIME DE PERIGO DE MOLÉSTIA GRAVE?

O foco diferencial é por se tratar de moléstia grave e a forma de prática da conduta delitiva é por meio direto (contato físico entre os sujeitos) ou indireto (utilização de objetos), seja capaz de transmitir a moléstia grave. No art. 131, o sujeito ativo deverá ser qualquer pessoa portadora de moléstia grave. Sujeito passivo será qualquer pessoa (entende-se que pessoa já contaminada caracteriza crime impossível, salvo nos casos que a nova contaminação agrave diretamente a doença da vítima). Também é uma norma penal em branco, cuja interpretação de quais são as moléstias graves dependerá de determinação do Ministério da Saúde.

13.8. PERIGO PARA A VIDA OU SAÚDE DE OUTREM

EM QUE CONSTITUI O CRIME DE PERIGO PARA A VIDA OU SAÚDE DE OUTREM?

É um delito de natureza subsidiária, aplicável quando não houver outro mais grave, em que poderá ser sujeito ativo qualquer pessoa. No que se refere ao sujeito passivo, poderá ser qualquer pessoa, desde que certa e determinada, caso contrário, se indeterminado o número de pessoas, estaremos diante do crime de perigo comum, do art. 250 e seguintes. Importante saber que admite a forma omissiva, exemplo, deixar de fornecer aparelhos de proteção de funcionários, desde que exista uma situação de perigo concreta e efetiva, o simples descumprimento da norma trabalhista de não entrega de EPI pode caracterizar a contravenção penal do art. 19, § 2º, da Lei 8213/91 (lei que dispõe sobre os Planos de Benefícios da Previdência Social e dá outras providências: "art. 19. Acidente do trabalho é o que ocorre pelo exercício do trabalho a serviço de empresa ou de empregador doméstico ou pelo exercício do trabalho dos segurados referidos no inciso VII do art. 11 desta Lei, provocando lesão corporal ou perturbação funcional que cause a morte ou a perda ou redução, permanente ou temporária, da capacidade para o trabalho. (Redação dada pela Lei Complementar nº 150, de 2015) (...) § 2º Constitui contravenção penal, punível com multa, deixar a empresa de cumprir as normas de segurança e higiene do trabalho".

13.9. ABANDONO DE INCAPAZ

É PRECISO UM FIM DE AGIR, CRIANDO UM DANO PARA A VÍTIMA, NO CRIME DE ABANDONO DE INCAPAZ?

O crime do art. 133 é crime de perigo concreto, cuja mera probabilidade em causar o dano ao bem jurídico protegido já configura o crime pela existência do efetivo risco resultante do abandono. Pode, entretanto, causar dano efetivo, mas na forma preterdolosa, ou seja, com dolo na realização do abandono e culpa se do abandono resultar lesão corporal de natureza grave ou se resultar em morte da vítima.

O QUE CONSTITUI O LUGAR ERMO NESTE CRIME DE ABANDONO DE INCAPAZ?

É uma causa de aumento de pena, em que temos que levar em consideração a diferenciação do lugar ermo e do lugar desértico. O lugar ermo é o local praticamente inabitado, em que a busca por socorro se torna mais difícil em razão da ausência de pessoas na localidade. Já o lugar absolutamente deserto constitui hipótese onde, caso haja o abandono, seria impossível qualquer hipótese de socorro, configurando o crime de homicídio e não de abandono de incapaz.

QUALQUER PESSOA PODERÁ PRATICAR ESTA CONDUTA DO ART. 133?

Não, o crime do art. 133 é um crime próprio, onde o sujeito ativo somente poderá ser pessoa que detém em relação à vítima o dever de cuidado, guarda, vigilância ou autoridade. O sujeito passivo somente será a pessoa assistida, ou seja, incapaz de se defender dos riscos decorrentes do abandono. Destaque que o crime instantâneo, o arrependimento do responsável não desnatura o delito.

EXISTE DIFERENÇA ENTRE O ART. 133 DO CP E O ART. 90 DO ESTATUTO DA PESSOA COM DEFICIÊNCIA?

O art. 90 da lei 13.146/2015 – Estatuto da Pessoa com Deficiência – traz uma figura especial de abandono, consistindo o abanando em lugar específico ("abandonar pessoa com deficiência em hospitais, casas de saúde, entidades de abrigamento ou congêneres: Pena - reclusão, de 6 meses a 3 anos, e multa. Parágrafo único. Na mesma pena incorre quem não prover as necessidades básicas de pessoa com deficiência quando obrigado por lei ou mandado"). Aproveitando a explicação, também é figura especial o tipo penal previsto no art. 98, da Lei 10.741/2003 – Estatuto do Idoso ("art. 98. Abandonar o idoso em hospitais, casas de saúde, entidades de longa permanência, ou congêneres, ou não prover suas necessidades básicas, quando obrigado por lei ou mandado: Pena – detenção de 6 meses a 3 anos e multa").

13.10. EXPOSIÇÃO OU ABANDONO DE RECÉM-NASCIDO

O CRIME DO ART. 134 TAMBÉM É UM CRIME DE ABANDONO DE INCAPAZ?

Podemos dizer que o crime de exposição ou abandono de recém-nascido é uma forma privilegiada de abandono de incapaz, em que é praticado com a finalidade de ocultação de desonra própria. Sem esta finalidade específica estaríamos diante do art. 133.

QUEM PODE PRATICAR ESTE CRIME?

O sujeito ativo somente poderá ser o pai ou mãe, visando ocultação de desonra própria (relação adulterina). Destaque que o perigo deve ser real, devendo haver a demonstração efetiva de risco resultante da exposição ou do abandono.

Podemos ter as formas qualificadoras de ordem preterdolosas do crime, caso resulte em lesão corpora de natureza grave ou morte.

13.11. OMISSÃO DE SOCORRO

COM RELAÇÃO AO CRIME DE OMISSÃO DE SOCORRO (ART. 135 - DEIXAR DE PRESTAR ASSISTÊNCIA, QUANDO POSSÍVEL FAZÊ-LO SEM RISCO PESSOAL, À CRIANÇA ABANDONADA OU EXTRAVIADA, OU À PESSOA INVÁLIDA OU FERIDA, AO DESAMPARO OU EM GRAVE E IMINENTE PERIGO; OU NÃO PEDIR, NESSES CASOS, O SOCORRO DA AUTORIDADE PÚBLICA), O SUJEITO QUE, PARA EVITAR SER RESPONSABILIZADO POR ESTE TIPO PENAL, DEVERÁ PRESTAR A ASSISTÊNCIA SEMPRE DE FORMA DIRETA, FAZENDO ALGO?

Não, a assistência poderá ser imediata (ocorrendo o crime quando o agente se omite em prestar o auxílio diretamente) ou mediata (ocorrendo o crime quando o agente não solicita socorro à autoridade pública de forma imediata, quando não tiver condições de prestar o auxílio diretamente; exemplo: caso em que oferecer risco pessoal concreto e iminente). Difere da omissão de socorro prevista no CTB, arts. 302, §1º, III, e 303, parágrafo único. Observe, ainda, que pelo princípio da especialidade, quando o crime for praticado contra idoso, configura o crime do art. 97, da Lei 10741/03 – Estatuto do Idoso.

13.12. CONDICIONAMENTO DE ATENDIMENTO MÉDICO-HOSPITALAR EMERGENCIAL

O CRIME DO ART. 135-A ("EXIGIR CHEQUE-CAUÇÃO, NOTA PROMISSÓRIA OU QUALQUER GARANTIA, BEM COMO O PREENCHIMENTO PRÉVIO DE FORMULÁRIOS ADMINISTRATIVOS, COMO CONDIÇÃO PARA O ATENDIMENTO MÉDICO-HOSPITALAR EMERGENCIAL") PODERÁ SER PRATICADO POR QUALQUER PESSOA?

Na verdade, o sujeito ativo poderão ser funcionários/administradores do hospital particular (se for hospital público, o crime poderá ser o de concussão, art. 316, CP). Se o funcionário estiver cumprindo ordem da direção do hospital, estes poderão responder, pois poderá caracterizar que a desobediência da determinação enseje demissão do funcionário, não lhe sendo exigível conduta diversa. O sujeito passivo será a pessoa em estado de emergência. A lei 11935/09 define que emergência implica risco imediato de vida ou de lesões irreparáveis para o paciente, caracterizado em declaração do médico assistente; enquanto urgência, resulta atendimento de acidentes pessoais ou de complicações no processo gestacional, de caráter menos imediatista.

13.13. MAUS TRATOS

EM QUE CONSISTE O CRIME DE MAUS TRATOS?

É crime próprio, que vida proteger a vida ou a saúde de pessoa exposta a perigo. Corresponde a uma conduta vinculada, sendo possível três formas de exposição de perigo à vítima, quais sejam:

a. privando-a de alimentação ou cuidados indispensáveis;
b. sujeitando-a a trabalho excessivo ou inadequado; ou
c. abusando de meios de correção ou disciplina.

Vale salientar que é possível a utilização de meios de correção e disciplina, dentro de um contexto de normalidade, configurando exercício regular de direito dos pais ou responsáveis legais da vítima. Entretanto, quando os limites deste exercício regular de direito são extrapolados, podemos ter a incidência deste art. 136, além das responsabilidades previstas no art.18-B, do ECA, caso a conduta de aplicação de castigo físico (que consiste em ação de natureza disciplinar ou punitiva aplicada com o uso da força física sobre a criança ou o adolescente que resulte em: (a) sofrimento físico; ou b) lesão;) ou tratamento cruel ou degradante (correspondendo a conduta ou forma cruel de tratamento em relação à criança ou ao adolescente que: a) humilhe; ou b) ameace gravemente; ou c) ridicularize). Assim sendo, o sujeito ativo será aquele que detém autoridade, guarda ou vigilância em relação à vítima. Sujeito passivo: pessoas assistidas pelos sujeitos ativos. Observação: quanto a padrasto e madrasta existe discussão doutrinária acerca da inexistência do poder correcional deles, que seriam assegurados pela relação de parentesco. No caso de esposa/marido e filho/a maior de idade não podem ser vítimas do delito, tendo em vista que não estão subordinados à autoridade do agente. Atenção ao princípio da especialidade, quando o crime for praticado contra idoso, configura o crime do art. 99, da Lei 10741/03 – Estatuto do Idoso.

13.14. RIXA

COMO IDENTIFICAR A RIXA JÁ QUE O TIPO PENAL NÃO ESCLARECE SEU CONCEITO?

A conduta de rixa pode ser material (tomar parte da luta, participando efetivamente da rixa) ou moral (incentivando os contendores, neste caso, seria partícipe do crime de rixa), sendo a motivação da rixa irrelevante. Se forem dois grupos distintos, brigando entre si, poderá caracterizar o delito de lesão corporal provocadas nos integrantes do grupo contrário e vice-versa. Deve ser constituída por, no mínimo, três pessoas, se forem duas, será lesão corporal. As agressões verbais recíprocas e generalizadas não constitui o crime de rixa. A tentativa não é admissível, majoritariamente. A legítima defesa inexiste entre os rixosos, salvo nos casos em que a agressão de um dos rixosos ultrapasse a medida dentro da qual se faz a contenda, assumindo cunho desproporcional ou exorbitante.

13.15. CALÚNIA

É POSSÍVEL A CONFIGURAÇÃO DO CRIME DE CALÚNIA SEM SER IMPUTANDO FALSAMENTE A ALGUÉM FATO DEFINIDO COMO CRIME?

Sim, além da situação descrita no *caput* do art. 138, pode incluir uma outra interpretação ao artigo, na forma de caluniar alguém, imputando-lhe fato criminoso verdadeiro, mas cuja autoria saiba ser falsa.

QUEM PODERÁ SER SUJEITO ATIVO E SUJEITO PASSIVO NESTE TIPO PENAL DE CALÚNIA?

Sujeito Ativo: qualquer pessoa, desde que não desfrute de inviolabilidade (senadores, deputados, vereadores, estes últimos nos limites do município ao qual atue). Os advogados não são imunes ao delito de calúnia: Lei 8906/94 - Dispõe sobre o Estatuto da Advocacia e a Ordem dos Advogados do Brasil (OAB), art.7º, §2º: § 2º: "o advogado tem imunidade profissional, não constituindo injúria, difamação puníveis qualquer manifestação de sua parte, no exercício de sua atividade, em juízo ou fora dele, sem prejuízo das sanções disciplinares perante a OAB, pelos excessos que cometer". Sujeito Passivo: qualquer pessoa. Menor: embora, juridicamente caiba ato infracional, pode ser vítima de calúnia. Mortos: também podem ser vítimas (art.138, §2º). Vale destacar que o **bem jurídico** será a honra da pessoa; já o **objeto material** corresponde a honra objetiva da vítima. Atenção: quem imputa contravenção penal a alguém incorre em difamação.

13.16. DIFAMAÇÃO

QUALQUER PALAVRA, TERMO OU EXPRESSÃO QUE OFENDA À REPUTAÇÃO DE ALGUÉM SERÁ CONSIDERADA DIFAMAÇÃO?

Não, a conduta de difamação, assim como no crime de calúnia, necessita a contextualização de um fato determinado. Se tivermos apenas palavra, termo ou expressão, estaremos diante do crime de injúria, provavelmente.

É POSSÍVEL A EXCEÇÃO DE VERDADE NOS CRIMES DE DIFAMAÇÃO?

Via de regra não, salvo os casos de ofensa proferida contra funcionário público no exercício de suas funções (art. 139, parágrafo único). Atente-se ao teor da **Súmula STF 396**, que estabelece: "para a ação penal por ofensa à honra, sendo admissível a exceção da verdade quanto ao desempenho de função pública, prevalece a competência especial por prerrogativa de função, ainda que já tenha cessado o exercício funcional do ofendido".

É POSSÍVEL TERMOS, NO MESMO CONTEXTO, OS CRIMES DE CALÚNIA, DIFAMAÇÃO E INJÚRIA?

É sim, inclusive temos o **informativo 557 STJ**, que discorre sobre o tema: "Crimes contra a honra. Possibilidade da prática de calúnia, difamação e injúria por meio da divulgação de uma única carta. É possível que se impute, de forma concomitante, a prática dos crimes de calúnia, de difamação e de injúria ao agente que divulga, em uma única carta, dizeres aptos a configurar os referidos delitos, sobretudo no caso em que os trechos utilizados para caracterizar o crime de calúnia forem diversos dos empregados para demonstrar a prática do crime de difamação. STJ. 5ª Turma. RHC 41.527-RJ, Rel. Min. Jorge Mussi, julgado em 3/3/2015 (Info 557)".

13.17. INJÚRIA

QUAIS SÃO AS MODALIDADES DE INJÚRIA PREVISTAS NO CP?

Podemos destacar três forma de injúria no art. 140, quais sejam:

a) injúria simples (*caput*);

b) injúria real (§2º);

c) injúria qualificada pelo preconceito (§3º).

Atenção à novidade legislativa trazida pela Lei n. 14.532/2023, que entrou em vigor no dia 11/01/23, modificando o Código Penal e a Lei do Racismo, Lei n. 7.716/89.

Antes da Lei n. 14.532/2023, o art. 140, § 3º, tinha a seguinte redação: "Se a injúria consiste na utilização de elementos referentes a raça, cor, etnia, religião, origem ou a condição de pessoa idosa ou portadora de deficiência". Com a vigência da lei mencionada, as expressões "raça", "cor" e "etnia" migraram especificamente para a Lei do Racismo. Assim, com o advento da Lei n. 14.532/2023, o art. 140, § 3º, passou a constar o seguinte: "Se a injúria consiste na utilização de elementos referentes à religião ou à condição de pessoa idosa ou portadora de deficiência", tendo a seguinte pena: 1 a 3 anos de reclusão, e multa.

As expressões que saíram do Código Penal migraram para a Lei do Racismo, que passou a ter o seguinte texto no seu art. 2º-A: "Injuriar alguém, ofendendo-lhe a dignidade ou o decoro, em razão de raça, cor, etnia ou procedência nacional", com a pena de reclusão, de 2 a 5 anos, e multa.

Na prática, o que tivemos foi a tipificação da injúria racial como espécie de racismo. Mas por que tipificação? Porque a jurisprudência do STJ (AgRg no AREsp 686.965/DF, Rel. Desembargador convocado ERICSON MARANHO, SEXTA TURMA, julgado em 18/08/2015, DJe 31/08/2015) e do STF (HC 154.248) já haviam indicado que a injúria racial era uma espécie de racismo, considerando em suas decisões o delito de injúria racial como imprescritível. Acontece que muito ainda se discutia a respeito da natureza da ação penal, uma vez que o delito de injúria racial contido no Código Penal ostentava a natureza jurídica de ação penal pública condicionada à representação do ofendido, enquanto o delito de racismo era detentor da natureza pública incondicionada. Com a positivação na Lei n. 7.716/89, não há mais dúvidas: o delito, que agora pode ser considerado sempre como racismo, é de ação penal pública incondicionada, adotando o mesmo regime jurídico quanto à inafiançabilidade e imprescritibilidade.

A título de acréscimo, a transposição do delito de injúria racial para a Lei do Racismo indica a presença da continuidade típico-normativa, não havendo que se falar em "abolitio criminis".

É POSSÍVEL A AUTOINJÚRIA?

Auto injúria não é crime, salvo os casos em que ultrapassem os limites da honra subjetiva própria. Exemplo: dizer que é filho de criminoso (caso em que ofende a honra subjetiva do pai). Cabe salientar que o sujeito passivo do crime de injúria poderá ser qualquer pessoa, desde que seja capaz de entender a ofensa que lhe for direcionada. Se a pessoa não for capaz de entender, não haverá crime.

NO CASO DE INJÚRIA REAL, O SUJEITO ATIVO SERÁ PUNIDO APENAS PELO CRIME DO ART. 140?

Temos duas possibilidades de prática do crime de injúria real: a injúria real decorrente de emprego de vias de fato (contravenção penal prevista no art. 21 do Dec. Lei 3.688/1941) e a injúria real decorrente de emprego de violência. Neste último caso, a aplicação de pena levará em conta o sistema de cúmulo material, ou seja, serão aplicadas as penas correspondentes à injúria real e à violência praticada.

ATUALMENTE, COMO A UTILIZAÇÃO DE VÁRIAS REDES SOCIAIS E MEIOS CIBERNÉTICOS, VÁRIAS DAS CONDUTAS CONTRA A HONRA SÃO PRATICADOS NESTA FORMA, ALCANÇANDO O CONHECIMENTO DE MUITAS PESSOAS AO MESMO TEMPO, EM VÁRIOS LUGARES DO MUNDO. EXISTEM ALGUMA IMPLICAÇÃO NA RESPONSABILIZAÇÃO DE CRIME CONTRA HONRA NESTE ASPECTO?

Sim, temos uma causa de aumento de pena, correspondente ao tripo da pena cominada, se o crime for cometido ou divulgado em quaisquer modalidades das redes sociais da rede mundial de computadores.

ATENÇÃO ÀS DISPOSIÇÕES COMUNS:

Com relação aos crimes contra a honra, insta salientar que, desde 2019, o art. 141 sofre alterações. Vejamos como se encontra atualmente a disposição desse artigo:

> Art. 141 - As penas cominadas neste Capítulo aumentam-se de um terço, se qualquer dos crimes é cometido:
> I - contra o Presidente da República, ou contra chefe de governo estrangeiro;
> II - contra funcionário público, em razão de suas funções, ou contra os Presidentes do Senado Federal, da Câmara dos Deputados ou do Supremo Tribunal Federal; (Redação dada pela Lei nº 14.197, de 2021)
> III - na presença de várias pessoas, ou por meio que facilite a divulgação da calúnia, da difamação ou da injúria.
> IV - contra criança, adolescente, pessoa maior de 60 (sessenta) anos ou pessoa com deficiência, exceto na hipótese prevista no § 3º do art. 140 deste Código. (Redação dada pela Lei nº 14.344, de 2022)
> § 1º - Se o crime é cometido mediante paga ou promessa de recompensa, aplica-se a pena em dobro. (Redação dada pela Lei nº 13.964, de 2019)
> § 2º Se o crime é cometido ou divulgado em quaisquer modalidades das redes sociais da rede mundial de computadores, aplica-se em triplo a pena. (Incluído pela Lei nº 13.964, de 2019)

13.18. CONSTRANGIMENTO ILEGAL

A LIBERDADE PESSOAL É TUTELA COMO DIREITO FUNDAMENTAL DO INDIVÍDUO, DISPONDO A CONSTITUIÇÃO FEDERAL, EM SEU ART. 5º, INCISO II, QUE "NINGUÉM SERÁ OBRIGADO A FAZER OU DEIXAR DE FAZER ALGUMA COISA SENÃO EM VIRTUDE DE LEI". O CÓDIGO PENAL PROTEGE ESTE FUNDAMENTO CONSTITUCIONAL EM ALGUM DISPOSITIVO ESPECÍFICO?

Sim, os arts. 146 a 154-B destinam-se à proteção da liberdade pessoal. Vejamos o art. 146, para começarmos as análises. Corresponde ao crime de constrangimento ilegal em que a vítima é constrangida, em razão da violência ou grave ameaça empregada, ou depois de lhe haver reduzido, por qualquer outro meio, a capacidade de resistência, a não fazer o que a lei permite, ou a fazer o que ela não manda. Qualquer pessoa poderá ser considerada sujeito ativo, salvo se for funcionário público no exercício da função (poderá recair na Lei nº 13.869, de 5 de setembro de 2019, que dispõe sobre os crimes de abuso de autoridade). Entretanto, a vítima deverá ser qualquer pessoa capaz de discernir sobre seus atos, não podendo configurar como vítima os menores de pouca idade, os loucos, os embriagados etc. Para execução da conduta é necessário o emprego de meios de execução: violência (física); grave ameaça/violência moral (mal injusto grave); outro meio capaz de reduzir a resistência da vítima (violência imprópria).

Observação quanto ao princípio da especialidade:

CDC, Lei 8078/90, art.71: Utilizar, na cobrança de dívidas, de ameaça, coação, constrangimento físico ou moral, afirmações falsas incorretas ou enganosas ou de qualquer outro procedimento que exponha o consumidor, injustificadamente, a ridículo ou interfira com seu trabalho, descanso ou lazer: Pena Detenção de três meses a um ano e multa.

Estatuto do Idoso, Lei 10.741/03, art. 107: Coagir, de qualquer modo, o idoso a doar, contratar, testar ou outorgar procuração: Pena – reclusão de 2 (dois) a 5 (cinco) anos.

EXISTE ALGUMA FORMA EM QUE ESTE CONSTRANGIMENTO ILEGAL NÃO SERÁ CONSIDERADO CRIME?

Sim, o art. 146, em seu parágrafo §3º, prevê que não se compreendem na disposição desta conduta:

a. a intervenção médica ou cirúrgica, sem o consentimento do paciente ou de seu representante legal, se justificada por iminente perigo de vida;
b. a coação exercida para impedir suicídio.

QUALQUER FORMA DE CONSTRANGER ALGUÉM, MEDIANTE VIOLÊNCIA OU GRAVE AMEAÇA, A FAZER OU DEIXAR DE FAZER OU TOLERAR QUE SE FAÇA ALGUMA COISA SEMPRE VAI SER CONSIDERADO O CRIME DO ART. 146?

Não, atente-se ao fim de agir, o dolo específico, pois, podemos ter a prática do crime de extorsão (art. 158) ou estupro (art. 213), por exemplo, tendo em vista que a ocorrência de tais conduta também ocorrem que emprego de constrangimento com violência ou grave ameaça, mas, com o fim específico de agir.

13.19. AMEAÇA

QUALQUER PALAVRA, ESCRITO OU GESTO OU MEIO SIMBÓLICO PODERÁ CONFIGURAR O CRIME DE AMEAÇA?

Não, apenas aqueles que causem mal injusto e grave, ou seja, que causem na vítima uma sensação de temor de que a ameaça feita possa ser concretizada ou possa causar-lhe algum mal.

QUALQUER PESSOA PODERÁ SER VÍTIMA DO CRIME DE AMEAÇA?

Qualquer pessoa física, certa e determinada, capaz, de fato (não necessitando ser capaz, juridicamente), a vítima tem que ter capacidade de entender a potencialidade intimidativa da ameaça, não podendo configurar como vítima os menores de pouca idade, os loucos, os embriagados etc. O sujeito ativo poderá ser qualquer pessoa (salvo se for funcionário público no exercício da função, poderá recair na lei nº 13.869, de 5 de setembro de 2019, que dispõe sobre os crimes de abuso de autoridade)

13.20. PERSEGUIÇÃO

TIVEMOS UMA NOVA INCLUSÃO NO CÓDIGO PENAL, EM 2021, ONDE FOI INCORPORADA A NOVA CONDUTA PENAL DE PERSEGUIÇÃO, TAMBÉM CHAMADA POR ALGUNS COMO *"STALKING"*, EXPRESSÃO QUE CORRESPONDE AO ATÉ DE PERSEGUIR RETIRADAMENTE A VÍTIMA. NESTE SENTIDO, O QUE CORRESPONDE ESTA NOVA CONDUTA DO ART. 147-A, DO CP? É PRECISO TER MAIS DE UM ATO PRATICADO PARA SE CONFIGURAR ESTA CONDUTA DELITIVA?

A *novatio legis* incriminadora trouxe a especificação da conduta criminosa consistente em "perseguir alguém, reiteradamente e por qualquer meio, ameaçando-lhe a integridade física ou psicológica, restringindo-lhe a capacidade de locomoção ou, de qualquer forma, invadindo ou perturbando sua esfera de liberdade ou privacidade". Perceba que uma única conduta de ameaça à integridade física da vítima, com a restrição de sua capacidade de locomoção, por exemplo, não configurará o crime do art. 147-A. Isso porque é expresso que, para configurar o delito, necessário se faz a reiteração de atos. A doutrina tem se posicionado pela necessidade de, ao menos, três atos reiterados para configurar o art. 147-A. Ou seja, a conduta deverá ser de perseguir alguém, reiteradamente, por qualquer meio, causando algumas das formas a seguir:

a. ameaça à integridade física ou psicológica;
b. restrição de capacidade de locomoção;
c. invasão ou perturbação da esfera de liberdade ou privacidade.

Para melhor compreensão, expõem-se os dispositivos referentes ao delito em questão:

> Art. 147-A. Perseguir alguém, reiteradamente e por qualquer meio, ameaçando-lhe a integridade física ou psicológica, restringindo-lhe a capacidade de locomoção ou, de qualquer forma, invadindo ou perturbando sua esfera de liberdade ou privacidade.
> Pena – reclusão, de 6 (seis) meses a 2 (dois) anos, e multa.
> § 1º A pena é aumentada de metade se o crime é cometido:
> I – contra criança, adolescente ou idoso;
> II – contra mulher por razões da condição de sexo feminino, nos termos do § 2º-A do art. 121 deste Código;
> III – mediante concurso de 2 (duas) ou mais pessoas ou com o emprego de arma.
> § 2º As penas deste artigo são aplicáveis sem prejuízo das correspondentes à violência.
> § 3º Somente se procede mediante representação.

ENTÃO TIVEMOS O *ABOLITIO CRIMINIS* DA CONDUTA PREVISTA NO ART. 65, DA LEI DE CONTRAVENÇÃO PENAL?

Não, embora o novel tipo penal seja mais abrangente do que art. 65, da LCP, o que tivemos foi a revogação do art. 65, mas continuando a conduta a ser tipificada penalmente, o que configura o princípio da continuidade normativo-típica.

13.21. VIOLÊNCIA PSICOLÓGICA CONTRA A MULHER

A LEI MARIA DA PENHA (LEI 11.340/2006) PREVIA, DESDE SEU SURGIMENTO, CINCO FORMAS DE VIOLÊNCIA QUE PODEM SER PRATICADAS CONTRA MULHER, MAS A TIPIFICAÇÃO DA CONDUTA CORRESPONDENTE A ALGUMA DESTAS FORMAS DEPENDE DE UM CONTEXTO CASUÍSTICO. RECENTEMENTE, TIVEMOS UMA ATUALIZAÇÃO NO CÓDIGO PENAL QUE REPERCUTIU TAMBÉM NA LEI MARIA DA PENHA, CERTO?

Sim, a Lei nº 14.188, de 2021, incluiu no CP o art. 147-B, consistente na conduta de "causar dano emocional à mulher que a prejudique e perturbe seu pleno desenvolvimento ou que vise a degradar ou a controlar suas ações, comportamentos, crenças e decisões, mediante ameaça, constrangimento, humilhação, manipulação, isolamento, chantagem, ridicularização, limitação do direito de ir e vir ou qualquer outro meio que cause prejuízo à sua saúde psicológica e autodeterminação". Destaque que é um crime residual, possuindo pena em abstrato reclusão, de 6 (seis) meses a 2 (dois) anos, e multa, se a conduta não constitui crime mais grave.

13.22. SEQUESTRO E CÁRCERE PRIVADO

TODA PRIVAÇÃO DE LIBERDADE DE ALGUÉM MEDIANTE SEQUESTRO OU CÁRCERE PRIVADO IRÁ INCORRER NO CRIME DO ART. 148?

Depende, havendo a finalidade específica de obtenção de vantagem indevida de cunho patrimonial será o crime do art. 159. O art. 148, para ser praticado, necessita que a conduta corresponda à privação, total ou parcial, da liberdade de alguém; elemento comum entre a conduta de cárcere privado e sequestro é a restrição de liberdade da vítima. O sequestro e o cárcere privado apenas se diferenciam pelo espaço de confinamento do ofendido, podendo ser em um recinto fechado, como um quarto, mais restrito, ou dentro de uma casa ou chácara, mas sem a liberdade de deste local. É crime de natureza permanente, apenas com a devolução da liberdade da vítima que cessará sua ocorrência. Quanto ao tempo de privação: Corrente 1: é irrelevante, configurando o crime a partir do momento de subtração do direito de locomoção da vítima; Corrente 2: relevante, considerando o momento de subtração do direito de locomoção da vítima apenas a tentativa.

13.23. VIOLAÇÃO DE DOMICÍLIO

EM QUE CONSISTE O CRIME DE VIOLAÇÃO DE DOMICÍLIO?

Com base constitucional no art. 5°, XI, em que temos que "a casa é asilo inviolável do indivíduo, ninguém nela podendo penetrar sem consentimento do morador, salvo em caso de flagrante delito ou desastre, ou para prestar socorro, ou, durante o dia, por determinação judicial". O crime do art. 150 do CP pune qualquer pessoa, inclusive o proprietário, como no caso de locador que ingressa sem permissão do locatário, considerando como sujeito passivo o morador. Para a prática da conduta, necessário atentar aos verbos nucleares: **entrar clandestina ou astuciosamente**, ou contra a vontade expressa ou tácita de quem de direito: decorre de uma conduta por ação de ingressar totalmente em um domicílio alheio ou nas dependências deste; **permanecer clandestina ou astuciosamente**, ou contra a vontade expressa ou tácita de quem de direito: decorre de uma conduta por omissão de quem entra ilicitamente em domicílio alheio e se recusa a sair do local. É um crime permanente e, com relação à situação flagrancial em domicílio, cabe destacar que: "(...) tratando-se o delito de tráfico de drogas de crime permanente, cuja situação de flagrância se prolonga no tempo, não há falar em ilegalidade da prisão (...). Deve haver uma mínima previsibilidade da ocorrência de crime para que policiais possam ingressar em um domicílio sem autorização judicial para tal. Mesmo em se tratando de crime de tráfico de drogas. Não existe a confusão conceitual entre crime permanente e prisão em flagrante. O fato de o crime ser permanente somente indica que há flagrante enquanto perdurar a permanência, mas não afasta a necessidade de verificação da fundada suspeita" (TJ-MG - HC: 10000204829238000 MG, Relator: Marcos Flávio Lucas Padula, Data de Julgamento: 01/12/2020,

COMO CONFIGURAR AS FORMAS QUALIFICADAS DESTE CRIME?

São requisitos da forma qualificadas:

a. Durante a noite;
b. Lugar ermo (local distante de centros urbanos, habitualmente abandonado, o que torna difícil eventual socorro à vítima);
c. Emprego de violência de arma (arma de qualquer espécie, própria ou imprópria, com potencialidade para matar ou ferir) (não se compreende o emprego de simulacro para a caracterização desta qualificadora, ante o cancelamento da Súmula 174, do STJ – "No crime de roubo, a intimidação feita com arma de brinquedo autoriza o aumento da pena");
d. Concurso de pessoas na forma de coautoria (tendo em visto a expressão "se o crime é **cometido**").

PARA FINS DO ART. 150, O QUE PODERÁ SER CONSIDERADO CASA E O QUE NÃO SERÁ CONSIDERADO CRIME DE VIOLAÇÃO DE DOMICÍLIO?

A expressão "casa" compreende:

a. qualquer compartimento habitado;

b. aposento ocupado de habitação coletiva;
c. compartimento não aberto ao público, onde alguém exerce profissão ou atividade.

Não se compreendem na expressão "casa":

a. hospedaria, estalagem ou qualquer outra habitação coletiva, enquanto aberta, salvo a restrição referentes ao aposento ocupado de habitação coletiva;
b. taverna, casa de jogo e outras do mesmo gênero.

Não constitui crime a entrada ou permanência em casa alheia ou em suas dependências:

a. durante o dia, com observância das formalidades legais, para efetuar prisão ou outra diligência;
b. a qualquer hora do dia ou da noite, quando algum crime está sendo ali praticado ou na iminência de o ser.

13.24. INVASÃO DE DISPOSITIVO INFORMÁTICO

O dispositivo penal inserido no art. 154-A foi inserido no Código através da chamada Lei Carolina Dieckmann (Lei n. 12.737/2012), sendo a privacidade o bem jurídico protegido, gênero do qual são espécies a intimidade e a vida privada.

Em 2021, diante da Lei n. 14.155/2021, houve no referido delito a promoção de quatro alterações: modificação da redação do caput, ampliando a incidência do tipo penal; majoração da pena do delito em sua forma básica; majoração dos limites da causa de aumento de pena do § 2º; e majoração da qualificadora do § 3º. Para melhor compreensão, vejamos como ficou disposto o referido crime em nosso Código Penal:

> Invasão de dispositivo informático
> Art. 154-A. Invadir dispositivo informático de uso alheio, conectado ou não à rede de computadores, com o fim de obter, adulterar ou destruir dados ou informações sem autorização expressa ou tácita do usuário do dispositivo ou de instalar vulnerabilidades para obter vantagem ilícita:
> Pena – reclusão, de 1 (um) a 4 (quatro) anos, e multa.

§ 1o Na mesma pena incorre quem produz, oferece, distribui, vende ou difunde dispositivo ou programa de computador com o intuito de permitir a prática da conduta definida no caput.

§ 2º Aumenta-se a pena de 1/3 (um terço) a 2/3 (dois terços) se da invasão resulta prejuízo econômico.

§ 3o Se da invasão resultar a obtenção de conteúdo de comunicações eletrônicas privadas, segredos comerciais ou industriais, informações sigilosas, assim definidas em lei, ou o controle remoto não autorizado do dispositivo invadido:
Pena – reclusão, de 2 (dois) a 5 (cinco) anos, e multa.

§ 4o Na hipótese do § 3o, aumenta-se a pena de um a dois terços se houver divulgação, comercialização ou transmissão a terceiro, a qualquer título, dos dados ou informações obtidos.

§ 5o Aumenta-se a pena de um terço à metade se o crime for praticado contra:
I - Presidente da República, governadores e prefeitos;
II - Presidente do Supremo Tribunal Federal;
III - Presidente da Câmara dos Deputados, do Senado Federal, de Assembleia Legislativa de Estado, da Câmara Legislativa do Distrito Federal ou de Câmara Municipal; ou
IV - dirigente máximo da administração direta e indireta federal, estadual, municipal ou do Distrito Federal.

Ação penal

Art. 154-B. Nos crimes definidos no art. 154-A, somente se procede mediante representação, salvo se o crime é cometido contra a administração pública direta ou indireta de qualquer dos Poderes da União, Estados, Distrito Federal ou Municípios ou contra empresas concessionárias de serviços públicos.

14. CRIMES CONTRA O PATRIMÔNIO

14.1. NOTAS GERAIS

TODO TIPO PENAL RELATIVO AO CRIME CONTRA O PATRIMÔNIO SERÁ SEMPRE DOLOSO?

O elemento subjetivo dos crimes contra o patrimônio, via de regra, é o **dolo**. Exceção: receptação, art. 180, § 3º - Adquirir ou receber coisa que, por sua natureza ou pela desproporção entre o valor e o preço, ou pela condição de quem a oferece, deve presumir-se obtida por meio criminoso.

14.2. FURTO

QUAL O MOMENTO CONSUMATIVO DO CRIME DE FURTO?

Consuma-se o crime de furto com a posse de fato da res furtiva, ainda que por breve espaço de tempo e seguida de perseguição ao agente, sendo prescindível a posse mansa e pacífica ou desvigiada. STJ. 3ª Seção. REsp 1.524.450-RJ, Rel. Min. Nefi Cordeiro, julgado em 14/10/2015 (recurso repetitivo) (Info 572).

COMO IDENTIFICAR O CRIME DE FURTO?

Perceba que o crime de furto se caracteriza com a prática do verbo nuclear: subtrair (tirar/retirar). O sujeito ativo poderá ser qualquer pessoa (regra), exceto o proprietário do bem e os casos de funcionário público que subtrai bem público ou particular que se encontra sob a guarda ou custódia da Administração. Sujeito Passivo pode ser pessoa física ou jurídica proprietária do bem/interesse. Vale destacar que o objeto material pode se referir a bens móveis com expressividade econômica. Elemento subjetivo será sempre o dolo – *animus furandi* (incidindo culpa, passará a incorrer a teoria do erro de tipo essencial).

SE O CRIME DE FURTO OCORRER NO INTERIOR DE ESTABELECIMENTO COMERCIAL EQUIPADO COM MECANISMO DE VIGILÂNCIA E DE SEGURANÇA HAVERÁ A CONFIGURAÇÃO DE CRIME IMPOSSÍVEL EM RAZÃO DESTE CONTEXTO?

Não, é preciso destacar que o STJ já se posicionou sobre este tema, tanto em informativo jurisprudencial, como em entendimento sumular, vejamos:

Furto praticado no interior de estabelecimento comercial equipado com mecanismo de vigilância e de segurança: "a existência de sistema de segurança ou de vigilância eletrônica não torna impossível, por si só, o crime de furto cometido no interior de estabelecimento comercial. (...) No caso em tela, não se pode falar em absoluta impropriedade do meio. Trata-se de inidoneidade RELATIVA do meio. Em outras palavras, o meio escolhido pelo agente é relativamente ineficaz, visto que existe sim uma possibilidade (ainda que pequena) de o delito se consumar. Sendo assim, se a ineficácia do meio deu-se apenas de forma relativa, não é possível o reconhecimento do instituto do crime impossível previsto no art. 17 do CP". STJ. 3ª Seção. REsp 1.385.621-MG, Rel. Min. Rogerio Schietti Cruz, julgado em 27/5/2015 (recurso repetitivo) (Info 563).

Súmula 567 STJ - Sistema de vigilância realizado por monitoramento eletrônico ou por existência de segurança no interior de estabelecimento comercial, por si só, não torna impossível a configuração do crime de furto. (Súmula 567, TERCEIRA SEÇÃO, julgado em 24/02/2016, DJe 29/02/2016)

No mesmo sentido, o STF: "a existência de sistema de vigilância em estabelecimento comercial não constitui óbice para a tipificação do crime de furto". STF. 1ª Turma. HC 111278/MG, rel. orig. Min. Marco Aurélio, red. p/ o ac. Min. Luiz Roberto Barroso, julgado em 10/4/2018 (Info 897).

O QUE CONFIGURA REPOUSO NOTURNO?

Incide conforme o direito consuetudinário nos explica a respeito do horário de diminuição da vigilância pública e social, em determinada localidade, variando de um lugar para o outro. Pode recair, segundo STJ, em casa desabitada ou estabelecimentos comerciais e, também, em carros estacionados em via pública.

TOPOGRAFICAMENTE A CAUSA DE AUMENTO DE PENA EM FACE DO REPOUSO NOTURNO FOI DISPOSTA ANTES DAS QUALIFICADORES DO FURTO, ISTO SIGNIFICA QUE SERÁ APLICADA APENAS AOS CASOS DE FURTO SIMPLES?

A sexta turma do STJ, conforme informativo 554, possuía entendimento de que a causa de aumento seria aplicada tanto para o furto simples quanto para o furto qualificado. Acontece que, em julgamento de recursos especiais repetitivos (Tema 1.087), a Terceira Seção do Superior Tribunal de Justiça (STJ) estabeleceu que a causa de aumento de pena pela prática de furto no período noturno (artigo 155, parágrafo 1º, do Código Penal) não incide na forma qualificada do crime (artigo 155, parágrafo 4º, do CP). Com a fixação da tese – que marca uma mudança de posicionamento jurisprudencial do STJ –, os tribunais de todo o país poderão aplicar o precedente qualificado em casos semelhantes. Não havia determinação de suspensão de processos com a mesma controvérsia.

EM RELAÇÃO À PRIVILEGIADORA PREVISTA NO §2º, DO ART. 155, É COMPATÍVEL COM ALGUMA QUALIFICADORA?

O enunciado da Súmula 511 do STJ dispõe que "é possível o reconhecimento do privilégio previsto no § 2o do art. 155 do CP nos casos de crime de furto qualificado, se estiverem presentes a primariedade do agente, o pequeno valor da coisa e a qualificadora for de ordem objetiva."

O FURTO DE ENERGIA ELÉTRICA MEDIANTE FRAUDE CONSTITUI UMA FORMA DE FURTO QUALIFICADO, NESTE CASO, É POSSÍVEL FALARMOS DE EXTINÇÃO DE PUNIBILIDADE CASO HAJA A QUITAÇÃO DO DÉBITO À COMPANHIA DE ENERGIA ELÉTRICA?

Atente-se que "no caso de furto de energia elétrica mediante fraude, o adimplemento do débito antes do recebimento da denúncia não extingue a punibilidade. O furto de energia elétrica não pode receber o mesmo tratamento dado ao inadimplemento tributário, de modo que o pagamento do débito antes do recebimento da denúncia não configura causa extintiva de punibilidade, mas causa de redução de pena relativa ao arrependimento posterior (art. 16 do CP). Isso porque nos crimes contra a ordem tributária, o legislador (Leis nº 9.249/1995 e nº 10.684/2003), ao consagrar a possibilidade da extinção da punibilidade pelo pagamento do débito, adota política que visa a garantir a higidez do patrimônio público, somente. A sanção penal é invocada pela norma tributária como forma de fortalecer a ideia de cumprimento da obrigação fiscal. Já nos crimes patrimoniais, como o furto de energia elétrica, existe previsão legal específica de causa de diminuição da pena para os casos de pagamento da "dívida" antes do recebimento da denúncia. Em tais hipóteses, o Código Penal, em seu art. 16, prevê o instituto do arrependimento posterior, que em nada afeta a pretensão punitiva, apenas constitui causa de diminuição da pena. Outrossim, a jurisprudência se consolidou no sentido de que a natureza jurídica da remuneração pela prestação de serviço público, no caso de fornecimento de energia elétrica, prestado por concessionária, é de tarifa ou preço público, não possuindo caráter tributário. Não há como se atribuir o efeito pretendido aos diversos institutos legais, considerando que o disposto no art. 34 da Lei nº 9.249/1995 e no art. 9º da Lei nº 10.684/2003 fazem referência expressa e, por isso, taxativa, aos tributos e contribuições sociais, não dizendo respeito às tarifas ou preços públicos". STJ. 3ª Seção. RHC 101.299-RS, Rel. Min. Nefi Cordeiro, Rel. Acd. Min. Joel Ilan Paciornik, julgado em 13/03/2019 (Info 645)

EM QUE CONSISTE A QUALIFICADORA DA DESTREZA?

Para que configure a qualificadora da destreza, é necessário que o agente tenha subtraído o bem com excepcional habilidade sem ser descoberto: "No crime de furto, não deve ser reconhecida a qualificadora da 'destreza' (art. 155, § 4º, II, do CP) caso inexista comprovação de que o agente tenha se valido de excepcional – incomum – habilidade para subtrair a coisa que se encontrava na posse da vítima sem despertar-lhe a atenção. Destreza, para fins de furto qualificado, é a especial habilidade física ou manual que permite ao agente subtrair bens em poder direto da vítima sem que ela perceba o furto. É o chamado 'punguista'". STJ. 5ª Turma. REsp 1.478.648-PR, Rel. para acórdão Min. Newton Trisotto (desembargador convocado do TJ/SC), julgado em 16/12/2014 (Info 554).

SE O SUJEITO, PARA PRATICAR O CRIME DE FURTO DE VEÍCULO AUTOMOTOR, DESTRÓI O VIDRO DA PORTA DO MOTORISTA, PARA ACESSAR O INTERIOR DO CARRO E, POR MEIO DE "LIGAÇÃO DIRETA", PRATICA O FURTO DO PRÓPRIO VEÍCULO, SERÁ UM CRIME DE FURTO QUALIFICADO PELO ROMPIMENTO DE OBSTÁCULO?

Para configurar a qualificadora de rompimento de obstáculo à subtração da coisa, necessário que não seja o próprio objeto a ser subtraído que tenha o dano da conduta de destruição, pois, se assim o for, estaremos diante apenas de furto na forma simples. A subtração de objeto localizado no interior de veículo automotor, entretanto, mediante o rompimento do vidro qualifica o furto (art. 155, § 4o, I, do CP), conforme entendimento jurisprudencial: "a conduta de violar o automóvel, mediante a destruição do vidro para que seja subtraído bem que se encontre em seu interior - no caso, um aparelho de som automotivo - configura o tipo penal de furto qualificado pelo rompimento de obstáculo à subtração da coisa, previsto no art. 155, § 4o, inciso I, do CP". STJ. 5a Turma. AgRg no REsp 1.364.606-DF, Rel. Min. Jorge Mussi, julgado em 22/10/2013.

É POSSÍVEL A CONSTATAÇÃO DA QUALIFICADORA DE ESCALADA DO CRIME DE FURTO SEM O EXAME PERICIAL NO LOCAL DO FATO PRATICADO?

Nossa jurisprudência tem se posicionado no sentido de que "é imprescindível, para a constatação da qualificadora referente à escalada no crime de furto, a realização do exame de corpo de delito, o qual pode ser suprido pela prova testemunhal ou outro meio indireto somente quando os vestígios tenham desaparecido por completo ou o lugar se tenha tornado impróprio para a constatação dos peritos, o que não foi evidenciado nos autos". HC 456.927/SC, Rel. Ministra LAURITA VAZ, SEXTA TURMA, julgado em 12/03/2019, DJe 28/03/2019. Quanto à escalada, "a jurisprudência do STJ entende que a incidência da qualificadora prevista no art. 155, § 4º, inciso II, do Código Penal exige exame pericial, somente admitindo-se prova indireta quando justificada a impossibilidade de realização do laudo direito, o que não restou explicitado nos autos". STJ. 5ª Turma. HC 508.935/SP, Rel. Min. Ribeiro Dantas, j. 30/05/2019.

NOVIDADES LEGISLATIVAS QUANTO AO DELITO DE FURTO

A Lei n. 14.155/2021, como já foi possível perceber, promoveu diversas alterações no Código Penal, inclusive quanto ao furto em sua modalidade qualificada, acrescentando os seguintes dispositivos:

> § 4º-B. A pena é de reclusão, de 4 (quatro) a 8 (oito) anos, e multa, se o furto mediante fraude é cometido por meio de dispositivo eletrônico ou informático, conectado ou não à rede de computadores, com ou sem a violação de mecanismo de segurança ou a utilização de programa malicioso, ou por qualquer outro meio fraudulento análogo.
> § 4º-C. A pena prevista no § 4º-B deste artigo, considerada a relevância do resultado gravoso:
> I – aumenta-se de 1/3 (um terço) a 2/3 (dois terços), se o crime é praticado mediante a utilização de servidor mantido fora do território nacional;
> II – aumenta-se de 1/3 (um terço) ao dobro, se o crime é praticado contra idoso ou vulnerável.

14.3. ROUBO

COMO DIFERENCIAR O CRIME DE FURTO DO CRIME DE ROUBO?

Ambas as tipificações têm por fim a subtração de coisa alheia para si ou para outrem. Acontece que, no crime de roubo, além de afetar o bem jurídico patrimônio, também será afetado o bem jurídico pessoa, uma vez que, para a realização da conduta delitiva, necessário se faz o emprego de grave ameaça ou violência, ou redução, por qualquer meio, à impossibilidade de resistência da vítima. Temos modalidades do roubo, classificando-o como:

  a. Roubo Próprio: figura descrita no *caput*.
  b. Roubo Impróprio: figura descrita no ª1º.

É possível, ainda, que estas modalidades sejam praticadas em contextos circunstanciados, causando aumento de pena, conforme os parágrafos 2º, 2º-A e 2º-B.

No que se refere ao modo de execução da violência, podemos dividir em:

  a. **Violência própria** (emprego de força física contra a vítima).
  b. **Violência imprópria ou meio sub-reptício** (não há emprego de força física, mas sim emprego de algo que faça com o que a vítima não possa oferecer resistência, p. ex. "boa noite Cinderela" à vítima) Ainda assim, **não cabe arrependimento posterior.**

O MOMENTO CONSUMATIVO DO CRIME DE ROUBO SERÁ O MESMO LEVANDO EM CONSIDERAÇÃO NO CRIME DE FURTO?

De acordo com a súmula 582-STJ, "consuma-se o crime de roubo com a inversão da posse do bem mediante emprego de violência ou grave ameaça, ainda que por breve tempo e em seguida à perseguição imediata ao agente e recuperação da coisa roubada, sendo prescindível a posse mansa e pacífica ou desvigiada". STJ. 3ª Seção. Aprovada em 14/09/2016, DJe 19/09/2016 (Info 590).

ENTÃO TEMOS TRÊS PARÁGRAFOS COM HIPÓTESES DE CAUSAS DE AUMENTO DE PENA, CHAMADOS DE ROUBO CIRCUNSTANDO. COMO APLICAR ESTAS CAUSAS DE AUMENTO DE PENA EM SITUAÇÃO CONCRETA?

O aumento na terceira fase de aplicação da pena no crime de roubo circunstanciado exige fundamentação concreta, não sendo suficiente para a sua exasperação a mera indicação do número de majorantes (**Súmula 443 do STJ**).

O FATO DE O CRIME DE ROUBO SER PRATICADO EM CONCURSO DE PESSOAS, SENDO UMA PESSOA MENOR DE 18 ANOS, AINDA ASSIM, TEREMOS A MAJORANTE DO ART. 157?

Se o crime for cometido em concurso de pessoas, com menor inimputável, não tem o condão de descaracterizar o concurso de agentes, de modo a excluir a causa de aumento prevista no inciso II do § 2º do art. 157 do Código Penal (HC 110425, Relator(a): Min. DIAS TOFFOLI, Primeira Turma, julgado em 05/06/2012, PROCESSO ELETRÔNICO DJe-155 DIVULG 07-08-2012 PUBLIC 08-08-2012).

É NECESSÁRIO A APREENSÃO DE ARMA DE FOGO E REALIZAÇÃO DE PERÍCIA PARA INCIDÊNCIA DA MAJORANTE?

Não, há prescindibilidade da apreensão e perícia da arma de fogo para a incidência da majorante: "o entendimento da Terceira Seção deste eg. Tribunal Superior é no sentido da prescindibilidade da apreensão e perícia da arma de fogo para a incidência da majorante, desde que evidenciada sua utilização por outros meios de provas, tais como a palavra da vítima ou o depoimento de testemunhas, como é o caso dos autos. Precedentes". (AgRg no REsp 1773075/SP, Rel. Ministro FELIX FISCHER, QUINTA TURMA, julgado em 26/02/2019, DJe 07/03/2019)

Vale salientar, também, que, no caso de arma com defeito ou desmuniciada deverá a arma ser apresentada para perícia, para realização de exame técnico pericial para incidência de majorante ou de roubo simples. Assim como no caso de simulacro de arma de fogo, a jurisprudência majoritária é no sentido de ser dispensável a apreensão e a perícia para incidir a majorante, neste caso, onde caberá a inversão do ônus da prova.

COMO DIFERENCIAR O MOMENTO CONSUMATIVO NO ROUBO QUALIFICADO PELO RESULTADO MORTE?

O momento consumativo do latrocínio levará em consideração a subtração do bem e a ocorrência ou não do evento morte:

Subtração do bem	Morte	Momento consumativo
Consumado	Consumada	Consumado
Tentado	Tentada	Tentado
Consumado	Tentada	Tentado
Tentado	Consumado	Consumado (súmula 610 STF)

Súmula 610 STF: Há crime de latrocínio, quando o homicídio se consuma, ainda que não realize o agente a subtração de bens da vítima.

Vale destacar que agente que participou do roubo pode responder por latrocínio ainda que o disparo que matou a vítima tenha sido efetuado pelo corréu: "aquele que se associa a comparsa para a prática de roubo, sobrevindo a morte da vítima, responde pelo crime de latrocínio, ainda que não tenha sido o autor do disparo fatal ou que sua participação se revele de menor importância". STF. 1ª Turma. RHC 133575/PR, Rel. Min. Marco Aurélio, julgado em 21/2/2017 (Info 855).

LATROCÍNIO COM UM ÚNICO PATRIMÔNIO ATINGIDO, MAS COM PLURALIDADES DE MORTES, COMO TIPIFICAR?

STJ: concurso formal impróprio.

STF e doutrina majoritária: um único crime de latrocínio. STJ. 5ª Turma. HC 336.680/PR, Rel. Min. Jorge Mussi, julgado em 17/11/2015. STF. 1ª Turma. RHC 133575/PR, Rel. Min. Marco Aurélio, julgado em 21/2/2017 (Info 855).

Conforme o Min. Jorge Mussi, "embora haja discussão doutrinária e jurisprudencial acerca de qual delito é praticado quando o agente logra subtrair o bem da vítima, mas não consegue matá-la, prevalece o entendimento de que há tentativa de latrocínio quando há dolo de subtrair e dolo de matar, sendo que o resultado morte somente não ocorre por circunstâncias alheias à vontade do agente." (HC 201.175-MS).

EXISTE HIPÓTESES DE HEDIONDEZ EM ALGUMA FORMA DE ROUBO?

Sim, a Lei 8.072/1990, prevê que são hipóteses de crimes hediondos, quando o roubo for:

a. circunstanciado pela restrição de liberdade da vítima (art. 157, § 2º, inciso V);
b. circunstanciado pelo emprego de arma de fogo (art. 157, § 2º-A, inciso I) ou pelo emprego de arma de fogo de uso proibido ou restrito (art. 157, § 2º-B);
c. qualificado pelo resultado lesão corporal grave ou morte (art. 157, § 3º).

Apesar do legislador ter considerado crime hediondo o furto qualificado pelo emprego de explosivo ou de artefato análogo que cause perigo comum (art. 155, § 4º-A). Não constitui crime hediondo, por notável falha do legislador, o roubo com destruição ou rompimento de obstáculo mediante o emprego de explosivo ou de artefato análogo que cause perigo comum.

14.4. EXTORSÃO

COMO DIFERENCIAR ENTRE ROUBO E EXTORSÃO?

Na extorsão, há a entrega da vantagem indevida, mediante constrangimento, com a imprescindível colaboração da vítima. No roubo, a colaboração da vítima é prescindível. Vale destacar que, o crime de extorsão tem por fim a prática por meio do verbo nuclear constranger, ou seja, afeta a capacidade de autodeterminação da vítima; provoca um estado de coação. No crime de extorsão, note que a vantagem econômica é expressão mais abrangente do que "coisa alheia móvel" do art. 157. Configura o delito de extorsão (art. 158 do CP) a conduta do agente que submete vítima à grave ameaça espiritual que se revelou idônea a atemorizá-la e compeli-la a realizar o pagamento de vantagem econômica indevida. STJ. 6ª Turma. REsp 1.299.021-SP, Rel. Min. Rogerio Schietti Cruz, julgado em 14/2/2017 (Info 598). Ameaçar causar prejuízo à vítima, também é meio cabível para prática da extorsão. Pode configurar o crime de extorsão a exigência de pagamento em troca da devolução do veículo furtado, sob a ameaça de destruição do bem. Processo STJ. 6a Turma. REsp 1.207.155-RS, Rel. Min. Sebastião Reis Júnior, julgado em 7/11/2013 (Informativo 531).

É PRECISO A OBTENÇÃO DA VANTAGEM ECONÔMICA PARA O CRIME DE EXTORSÃO SE CONSUMAR?

O crime de é extorsão é crime formal, ou seja, consuma-se independentemente da obtenção da vantagem indevida. Observação: caso não se comprove o intuito, restará o constrangimento e o tipo penal será o do art. 146, CP (Constranger alguém, mediante violência ou grave ameaça, ou depois de lhe haver reduzido, por qualquer outro meio, a capacidade de resistência, a não fazer o que a lei permite, ou a fazer o que ela não manda. Pena - detenção, de três meses a um ano, ou multa.).

Enunciado da Súmula 96 STJ: «O crime de extorsão consuma-se independentemente da obtenção da vantagem indevida".

Reforçando a compreensão de que o art. 158 é delito formal, o STJ se manifesta dizendo que: "o delito tipifica do no artigo 158 do Código Penal se consuma **independentemente da obtenção da vantagem indevida**, bastando que a vítima faça, deixe d e fazer ou tolere que o agente faça alguma coisa mediante violência ou grave ameaça.(...) É impossível o reconhecimento da tentativa na segunda conduta, já que a ação policial não impediu que as vítimas agissem de modo a entregar a quantia exigida pelos réus, tendo obstado apenas que estes efetivamente recebessem o dinheiro, fase que caracteriza mero exaurimento do delito (HC 232.062/RJ, Rel. Ministro JORGE MUSSI, QUINTA TURMA).

EM QUE MOMENTO OCORRE A TENTATIVA E A CONSUMAÇÃO DO CRIME DE EXTORSÃO?

Para entender como se dará estes momentos, é importante analisar o *iter criminis* da extorsão:

a. Tentativa: ocorre quando, mediante violência ou grave ameaça, há o constrangimento para obtenção indevida da vantagem econômica;

b. Consumação: quando a vítima realiza o comportamento determinado pelo sujeito ativo;

c. Exaurimento: Obtenção da vantagem econômica indevida.

14.5. EXTORSÃO MEDIANTE SEQUESTRO

COMO DIFERENCIAR O CRIME DE EXTORSÃO (ART. 158) DO CRIME DE EXTORSÃO MEDIANTE SEQUESTRO (159)?

No crime de extorsão, a relação da conduta criminosa dar-se-á com a presença do sujeito ativo e sujeito passivo apenas, entretanto, no caso de extorsão mediante sequestre, necessário que haja a captura da vítima pelo sujeito ativo, além de ter, também, a exigência de vantagem à terceira pessoa.

É POSSÍVEL CONFIGURAR UMA FORMA DE DELAÇÃO PREMIADA NESTE CRIME?

Na verdade, falamos de delação eficaz, isso porque, para receber a causa de diminuição de pena prevista no §4º do art. 159, é necessário que o crime seja cometido em concurso e o concorrente que o denunciar o fato criminoso à autoridade, deverá possibilitar que as informações proporcionada facilitem a libertação do sequestrado.

14.6. EXTORSÃO INDIRETA

O QUE É A EXTORSÃO INDIRETA?

Consiste em "exigir ou receber, como garantia de dívida, abusando da situação de alguém, documento que pode dar causa a procedimento criminal contra a vítima ou contra terceiro". Ou seja, o tipo pena corresponde a ofensa à relação de confiança e boa-fé entre credor e devedor. O sujeito ativo poderá ser qualquer pessoa. Sujeito passivo é àquele que entrega o documento e, eventualmente, terceira pessoa lesada em seu direito pela concessão da garantia.

14.7. DANO

O CRIME DE DANO PRECISA SER PRATICADO POR ALGUMA FORMA ESPECÍFICA?

O art. 163 é um crime de conteúdo múltiplo, podendo ser praticado por qualquer dos três verbos nucleares:
- **a.** destruir;
- **b.** inutilizar;
- **c.** deteriorar.

É crime comum, qualquer pessoa pode ser considerada sujeito ativo, exceto o próprio dono da coisa.

14.8. APROPRIAÇÃO INDÉBITA

COMO OCORRE A FORMA CONSUMATIVA DO CRIME DE APROPRIAÇÃO INDÉBITA?

Primeiramente, cabe destacar que o crime do art. 168 do CP terá como sujeito ativo a pessoa que está de posse ou detenção da coisa móvel, passando a se apossar do bem como se proprietário fosse (*animus* de assenhoramento). Perceba que a entrega, inicial da coisa móvel deve ser feita de maneira voluntária pelo proprietário ao sujeito ativo da apropriação. Assim sendo, a consumação ocorre com e assenhoramento da coisa alheia móvel com a posse ou detenção da coisa, praticando atos que torna a restituição do bem improvável. São formas de execução da apropriação indébita: negativa de restituição e apropriação propriamente dita.

EXISTEM PESSOAS QUE POSSUEM A POSSE OU DETENÇÃO DA COISA MÓVEL POR FORÇA DE LEI OU ALGUMA SITUAÇÃO ESPECÍFICA, ISSO IMPLICA EM AUMENTO DA PENA PARA ESTE CRIME?

Sim, constitui causa de aumento de pena, quando o agente recebeu a coisa:

a. em **depósito necessário**;
O conceito de depósito necessário está previsto no Código Civil:

> Art. 647. É depósito necessário:
> I - o que se faz em desempenho de obrigação legal;
> II - o que se efetua por ocasião de alguma calamidade, como o incêndio, a inundação, o naufrágio ou o saque.
> Art. 648. O depósito a que se refere o inciso I do artigo antecedente, reger-se-á pela disposição da respectiva lei, e, no silêncio ou deficiência dela, pelas concernentes ao depósito voluntário.
> Parágrafo único. As disposições deste artigo aplicam-se aos depósitos previstos no inciso II do artigo antecedente, podendo estes certificarem-se por qualquer meio de prova.
> Art. 649. Aos depósitos previstos no artigo antecedente é equiparado o das bagagens dos viajantes ou hóspedes nas hospedarias onde estiverem.
> Parágrafo único. Os hospedeiros responderão como depositários, assim como pelos furtos e roubos que perpetrarem as pessoas empregadas ou admitidas nos seus estabelecimentos.

Não há crime quando (caracterização do exercício regular de Direito):

> **Código Civil**
> Art. 644. O depositário poderá reter o depósito até que se lhe pague a retribuição devida, o líquido valor das despesas, ou dos prejuízos a que se refere o artigo anterior, provando imediatamente esses prejuízos ou essas despesas.
> Parágrafo único. Se essas dívidas, despesas ou prejuízos não forem provados suficientemente, ou forem ilíquidos, o depositário poderá exigir caução idônea do depositante ou, na fal-

ta desta, a remoção da coisa para o Depósito Público, até que se liquidem.

Art. 681. O mandatário tem sobre a coisa de que tenha a posse em virtude do mandato, direito de retenção, até se reembolsar do que no desempenho do encargo despendeu.

b. na qualidade de tutor, curador, síndico, liquidatário, inventariante, testamenteiro ou depositário judicial;

O inciso II determina a incidência da causa de aumento de pena para as pessoas que tiverem a qualidade de tutor, curador, síndico, liquidatário, inventariante, testamenteiro ou depositário judicial. Tutor e curador são nomeados judicialmente para administrar bens de menores de idade (primeiro instituto) e pessoas que, transitória ou permanentemente, não possa exprimir sua vontade, sejam dependentes de drogas ou álcool ou sejam pródigos (segundo instituto); liquidatário, atualmente recebe a nomenclatura de administrador judicial, conforme a Lei de Falências, Lei nº 11.101/2005, responsável, dentre outras atribuições, por administrar os bens da massa falida; inventariante é o responsável pela administração dos bens da herança, desde a assinatura do compromisso até a homologação da partilha (Código Civil. Art. 1991); testamenteiro é quem recebe a incumbência de cumprir as últimas vontades contidas em testamentos.

O depositário judicial, nos termos do CPC/2015:

> Art. 159. A guarda e a conservação de bens penhorados, arrestados, sequestrados ou arrecadados serão confiadas a depositário ou a administrador, não dispondo a lei de outro modo.
> Art. 160. Por seu trabalho o depositário ou o administrador perceberá remuneração que o juiz fixará levando em conta a situação dos bens, ao tempo do serviço e às dificuldades de sua execução.
> Parágrafo único. O juiz poderá nomear um ou mais prepostos por indicação do depositário ou do administrador.
> Art. 161. O depositário ou o administrador responde pelos prejuízos que, por dolo ou culpa, causar à parte, perdendo a remuneração que lhe foi arbitrada, mas tem o direito a haver o que legitimamente despendeu no exercício do encargo.

Parágrafo único. O depositário infiel responde civilmente pelos prejuízos causados, sem prejuízo de sua responsabilidade penal e da imposição de sanção por ato atentatório à dignidade da justiça.

c. em razão de ofício, emprego ou profissão

O inciso III determina a incidência da causa de aumento de pena para quem pratica o fato em razão de ofício, emprego ou profissão. Ofício: ocupação manual ou mecânica em que se caracteriza determinado grau de habilidade específica. Emprego: pressupõe vínculo de subordinação e dependência, com prestação de serviço. Profissão: inexiste subordinação hierárquica vinculativa, com predominância técnica e intelectual (ex. advogado, veterinário, etc). O "síndico" mencionado no inciso II do § 1º, do art. 168, do Código Penal é o síndico da massa falida (atualmente denominado "administrador judicial" da falência ou recuperação judicial - Lei nº 11.101/2005), e não o síndico de condomínio edilício. Por essa razão, não se aplica esta causa de aumento para o caso de um síndico de condomínio edilício que se apropriou de valores pertencentes ao condomínio para efetuar pagamento de contas pessoais. STJ. 5ª Turma. REsp 1.552.919-SP, Rel. Min. Reynaldo Soares da Fonseca, julgado em 24/5/2016 (Info 584).

14.9. APROPRIAÇÃO INDÉBITA PREVIDENCIÁRIA

QUAL A FINALIDADE DE PROTEÇÃO DO CRIME DE APROPRIAÇÃO INDÉBITA PREVIDENCIÁRIA?

Tutela das fontes de custeio da Previdência Social e os atuais benefícios à sociedade por este sistema assegurado. O objeto material do crime é a contribuição social que tenha sido recolhida, porém não repassada à Previdência Social, dentro do prazo legal ou convencional.

QUANDO OCORRE O CRIME DE APROPRIAÇÃO INDÉBITA PREVIDENCIÁRIA?

O momento consumativo com relação ao "delito inserto no inciso I do § 1º do art. 168-a do CP é crime formal, sendo comissivo, pertinente ao desconto efetuado, e omissivo, no que tange à falta de repasse ao órgão competente, portanto, de natureza mista, não exigindo à sua caracterização, ou como condição objetiva de punibilidade, o exaurimento de procedimento na via administrativa. 2. O trancamento de inquérito, em sede de habeas corpus, somente deve ser acolhido se restar, de forma indubitável, a ocorrência de circunstância extintiva da punibilidade, de ausência de indícios de autoria ou de prova material idade do delito e ainda da tipicidade da conduta, a contrario sensu, é inviável obstar prematuramente o prosseguimento do caderno indiciário" (STF, Pleno, Inq 2537 AgR/GO, rel. Min. Marco Aurélio, DJe 13/06/2008).

O STJ entende que "o crime de apropriação indébita previdenciária, previsto no art. 168-A, ostenta natureza de delito material. Portanto, o momento consumativo do delito em tela corresponde à data da constituição definitiva do crédito tributário, com o exaurimento da via administrativa (ut, (RHC 36.704/SC, Rel. Ministro FELIX FISCHER, Quinta Turma, DJe 26/02/2016). Nos termos do art. 111, I, do CP, este é o termo inicial da contagem do prazo prescricional" (AgRg no REsp 1.644.719/SP, DJe 31/05/2017).

EXISTE UM FIM DE AGIR, UM DOLO ESPECÍFICO, NA CONFIGURAÇÃO DESTA CONDUTA PENAL?

Não, é desnecessária a intenção de se locupletar, caracterização de dolo genérico e não específico: "em crimes de sonegação fiscal e de apropriação indébita de contribuição previdenciária, este Superior Tribunal de Justiça pacificou a orientação no sentido de que sua comprovação prescinde de dolo específico sendo suficiente, para a sua caracterização, a presença do dolo genérico consistente na omissão voluntária do recolhimento, no prazo legal, dos valores devidos" (AgRg no REsp 1.477.691/DF, DJe 28/10/2016).

A jurisprudência deste Supremo Tribunal Federal é firme no sentido de que "para a configuração do delito de apropriação indébita previdenciária não é necessário um fim específico, ou seja, o animus *rem sibi habendi*, bastando para nesta incidir a vontade livre e consciente de não recolher as importâncias descontadas dos salários dos empregados da empresa pela qual responde o agente" (HC 122766 AgR/SP, DJe 13/11/2014).

É POSSÍVEL FALARMOS DE EXTINÇÃO DE PUNIBILIDADE PELO PAGAMENTO DO DÉBITO?

A lei 11.941/2009, no art. 69 anuncia: "Extingue-se a punibilidade dos crimes referidos no art. 68 [arts. 1º e 2º da Lei 8.137/90 e arts. 168-A e 337-A do CP] quando a pessoa jurídica relacionada com o agente efetuar o pagamento integral dos débitos oriundos de tributos e contribuições sociais, inclusive acessórios, que tiverem sido objeto de concessão de parcelamento". Neste sentido, o STJ entende que "comprovado o pagamento integral dos débitos oriundos da falta de recolhimento de contribuições sociais, ainda que efetuado posteriormente ao recebimento da denúncia, extingue-se a punibilidade, nos termos do 9º, § 2º, da Lei 10.684/03" (HC 126.243/SP, DJe 26/08/2015).

14.10. ESTELIONATO

O QUE É NECESSÁRIO PARA CONFIGURAR O CRIME DE ESTELIONATO?

Requisitos para a consumação delitiva:
1. obtenção de vantagem;
2. causar prejuízo a outrem;
3. utilização de artifício (fraude material, por exemplo, uma vestimenta ou um disfarce), ardil (fraude moral, por exemplo, uma conversa enganosa) ou qualquer outro meio fraudulento,
4. induzir alguém a erro.
5. dolo.

COMO DIFERENCIAR O CRIME DE ESTELIONATO DO FURTO MEDIANTE FRAUDE?

As duas condutas visão obtenção patrimonial. A essência da diferenciação consiste no fato de que, no furto, a utilização da fraude será uma forma de recurso para diminuir a vigilância da vítima sobre o objeto, facilitando a subtração, sem intervenção da vítima. No caso de estelionato, a fraude é utilizada para fazer com que a vítima entregue voluntariamente a vantagem patrimonial ao sujeito ativo, em razão da fraude empregada.

SE O SUJEITO ATIVO DO ESTELIONATO SE VALE DE USO DE DOCUMENTO FALSO PARA PRATICAR O CRIME DO ART. 171, RESPONDERÁ PELO CRIME DE FALSIFICAÇÃO TAMBÉM?

Apesar de tratarem de bens jurídicos distintos, o que inviabilizaria a aplicação do princípio da absorção, entende o STJ, em sua súmula 17, que "quando o falso se exaure no estelionato, sem mais potencialidade lesiva, é por este absorvido".

CASO O SUJEITO PRATIQUE A CONDUTA DELITIVA DE ESTELIONATO, NA FORMA DE EMITIR CHEQUE, SEM SUFICIENTE PROVISÃO DE FUNDOS EM PODER DO SACADO, OU LHE FRUSTRA O PAGAMENTO, HÁ A POSSIBILIDADE DE EXTINÇÃO DE PUNIBILIDADE PELO PAGAMENTO DO VALOR DO CHEQUE?

A jurisprudência afirma que a Súmula 554 do STF aplica-se unicamente para o crime de estelionato na modalidade de emissão de cheque sem fundos (art. 171, § 2o, VI). Assim, a referida súmula não se aplica ao estelionato no seu tipo fundamental (art. 171, caput). Assim, não configura óbice ao prosseguimento da ação penal – mas sim causa de diminuição de pena (art. 16 do CP) – o ressarcimento integral e voluntário, antes do recebimento da denúncia, do dano decorrente de estelionato praticado mediante a emissão de cheque furtado sem provisão de fundos (STJ. 5a Turma. HC 280.089-SP, Rel. Min. Jorge Mussi, julgado em 18/2/2014).

É POSSÍVEL FALARMOS DE EXTINÇÃO DE PUNIBILIDADE DO CASO DE DEVOLUÇÃO DOS VALORES RELATIVOS À ESTELIONATO PRATICADO DETRIMENTO DE ENTIDADE DE DIREITO PÚBLICO OU DE INSTITUTO DE ECONOMIA POPULAR, ASSISTÊNCIA SOCIAL OU BENEFICÊNCIA?

Não extingue a punibilidade do crime de estelionato previdenciário (art. 171, § 3º, do CP) a devolução à Previdência Social, antes do recebimento da denúncia, da vantagem percebida ilicitamente. O art. 9º da Lei 10.684/2003 menciona os crimes aos quais são aplicadas suas regras:

a. arts. 1º e 2º da Lei nº 8.137/90;
b. art. 168-A do CP (apropriação indébita previdenciária);
c. Art. 337-A do CP (sonegação de contribuição previdenciária).

O agente poderá ter direito de receber o benefício do arrependimento posterior, tendo sua pena reduzida de 1/3 a 2/3 (art. 18 do CP). STJ. 6ª Turma. REsp 1.380.672-SC, Rel. Min. Rogerio Schietti Cruz, julgado em 24/3/2015 (Info 559). STF. 2ª Turma. RHC 126971/SP, Rel. Min. Teori Zavascki, julgado em 25/08/2015 (Info 796)

Em relação de fixação de competência para processar e julgar o crime de estelionato, é importante destacarmos as súmulas abaixo:

> **Súmula 24 do STJ** - Aplica-se ao crime de estelionato, em que figure como vítima entidade autárquica da Previdência Social, a qualificadora do § 3º do art. 171 do Código Penal.

Atenção: Competência, em tese, da Justiça Federal

> **Súmula 73 do STJ** - A utilização de papel moeda grosseiramente falsificado configura, em tese, o crime de estelionato, da competência da Justiça Estadual.
>
> **Súmula 521 do STF** - O foro competente para o processo e julgamento dos crimes de estelionato, sob a modalidade da emissão dolosa de cheque sem provisão de fundos, é o do local onde se deu a recusa do pagamento pelo sacado.
>
> **Súmula 244 do STJ** - Compete ao foro do local da recusa processar e julgar o crime de estelionato mediante cheque sem provisão de fundos.
>
> **Súmula 48 do STJ** - Compete ao Juízo do local da obtenção da vantagem ilícita processar e julgar crime de estelionato cometido mediante falsificação de cheque.

E QUANDO VAI ACONTECER A MODALIDADE ESPECÍFICA DA FRAUDE ELETRÔNICA?

Atenção quanto a essa modalidade de estelionato, por ser fruto de novidade legislativa – implementada pela Lei n. 14.155/2021, que acontece quando o agente obtém vantagem ilícita com a utilização de informações repassadas pela própria vítima ou por terceiro induzido a erro por meio de redes sociais, contatos telefônicos ou e-mail fraudulento, ou por qualquer outro meio fraudulento análogo.

Trata-se de qualificadora do estelionato, havendo, ainda, uma causa de aumento de pena quando, considerada a relevância do resultado gravoso, o crime é praticado mediante utilização de servidor mantido fora do território nacional.

AÇÃO PENAL

O Pacote Anticrime modificou a natureza da ação penal referente ao delito de estelionato, que, via de regra, passa a ser de ação penal pública condicionada à representação, exceto nos seguintes casos, que ainda se trata de ação penal pública incondicionada, quando a vítima for:

a. A Administração Pública, direta ou indireta;
b. Criança ou adolescente;
c. Pessoa com deficiência mental;
d. Maior de 70 (setenta) anos ou incapaz.

14.11. ABUSO DE INCAPAZES

O CRIME DE ABUSO DE INCAPAZES, DO ART. 173, VISA A PROTEÇÃO AO DANO DA VÍTIMA?

Não, a proteção será do patrimônio em que o incapaz seja vítima, não necessitando configurar a lesão, mas sim, a potencialidade lesiva ao patrimônio. Não se exige meio artificioso ou ardiloso, razão pela qual não se confunde com estelionato. Atenção: Adolescente emancipado não configura sujeito passivo deste tipo. Não permite os institutos da 9099/95, mas permite o acordo de não persecução penal (art. 28-A, CPP).

14.12. INDUZIMENTO À ESPECULAÇÃO

QUEM PODERÁ SER VÍTIMA DO CRIME DE "ABUSAR, EM PROVEITO PRÓPRIO OU ALHEIO, DA INEXPERIÊNCIA OU DA SIMPLICIDADE OU INFERIORIDADE MENTAL DE OUTREM, INDUZINDO-O À PRÁTICA DE JOGO OU APOSTA, OU À ESPECULAÇÃO COM TÍTULOS OU MERCADORIAS, SABENDO OU DEVENDO SABER QUE A OPERAÇÃO É RUINOSA" (ART. 174, CP)?

O sujeito passivo pode ser pessoa com capacidade de discernimento relativizado, ou pessoa ingênua ou principiante em relação às atividades previstas neste tipo penal "de jogo ou aposta": não se faz necessário que sejam ilícitos.

14.13. RECEPTAÇÃO

COMO CONFIGURAR O CRIME DE RECEPTAÇÃO?

É crime acessório ou parasitário, necessitando da prática de um crime anterior, independente, em tese, da punição ou da autoria deste crime anterior; ou seja, apesar de parasitário, possui autonomia para punição.

EXISTEM ESPÉCIES DIVERSAS DE RECEPTAÇÃO?

Sim, a receptação pode ser:

a. **Receptação própria** (crime material): consuma-se no momento quem o sujeito ativo adquire, recebe, transporta, conduz ou oculta a coisa produto do crime
b. **Receptação imprópria** (crime formal): o sujeito ativo influencia no processo de terceira pessoa de boa-fé em adquirir, receber ou ocultar coisa que sabe ser produto de crime.

Vale destacar que é crime instantâneo na modalidade de adquirir ou receber. E é crime permanente, na forma de transportar, conduzir ou ocultar.

Atenção: Não haverá crime punibilidade nos casos em que a receptação se constituir em *post factum* **impunível**.

HÁ POSSIBILIDADE DE APLICAÇÃO DO PRINCÍPIO DA INSIGNIFICÂNCIA?

Para responder esta indagação, nos valemos de julgado do STF: "1. Inexistindo pronunciamento colegiado do Superior Tribunal de Justiça, não compete ao Supremo Tribunal Federal examinar a questão de direito discutida na impetração. Precedente. 2. A jurisprudência do Supremo Tribunal Federal não admite o reconhecimento do princípio da insignificância, no caso de que se trata, tendo em vista que o delito de receptação (art. 180 do CP) traz consigo um enorme número de outros crimes, inclusive mais graves, pois é nele que se encontra incentivo para a prática de diversos crimes contra o patrimônio, a exemplo do furto e do roubo. É nesse contexto que se deve avaliar a reprovabilidade da conduta, e não apenas na importância econômica do bem subtraído ou, como no caso sob exame, no valor pago pelo paciente para, ilicitamente, adquirir um produto de crime (HC 111.608, Rel. Min. Ricardo Lewandowski). 3. A imposição do regime de cumprimento mais severo do que a pena aplicada permitir exige motivação idônea (Súmula 719/STF). Hipótese em que as instâncias precedentes, ao fixarem o regime intermediário, fizeram expressa referência à presença de circunstância judicial desfavorável. 4. Agravo regimental desprovido" (STF - HC 163263 AGR / SP - SÃO PAULO Data do Julgamento:01/03/2019 Data da Publicação:15/03/2019. Órgão Julgador: Primeira Turma Relator: Min. Roberto Barroso).

EXISTE DIFERENÇA ENTRE A RECEPTAÇÃO E O CRIME DE FAVORECIMENTO REAL?

A receptação diferencia-se do favorecimento real (art. 349 - Prestar a criminoso, fora dos casos de coautoria ou de receptação, auxílio destinado a tornar seguro o proveito do crime: Pena - detenção, de um a seis meses, e multa), tendo em vista a ausência, neste caso (do favorecimento real), de *animus lucrandi*, ou seja, de obter lucro, aproveitamento patrimonial.

14.14. ESCUSAS/IMUNIDADES

O QUE CONFIGURA AS ESCUSAS PREVISTAS NOS ARTS. 181 E 182?

No art. 181 do CP o crime existe, mas não é punível, trata-se de escusas ou imunidades absolutas:

> Art. 181 - É isento de pena quem comete qualquer dos crimes previstos neste título, em prejuízo: escusas absolutórias (crime existe, mas não é punível)
> I - do cônjuge, na constância da sociedade conjugal; (ou união estável, art. 226, §3º, CRFB/88)
> II - de ascendente ou descendente, seja o parentesco legítimo ou ilegítimo, seja civil ou natural.

No que se refere ao art. 182, trata-se de escusas relativas, não é causa extintiva de punibilidade, mas, sim, condição objetiva de procedibilidade:

> Art. 182 - Somente se procede mediante representação, se o crime previsto neste título é cometido em prejuízo:
> I - do cônjuge desquitado ou judicialmente separado;
> II - de irmão, legítimo ou ilegítimo;
> III - de tio ou sobrinho, com quem o agente coabita.

Perceba que, nessa situação, um crime de furto, por exemplo, pode ser consideração de ação penal pública condicionada à representação se forem observadas as situações do art. 182 e 183.

Falamos de inaplicabilidade das escusas (art. 183) acima descritas:

a. se o crime é de roubo ou de extorsão, ou, em geral, quando haja emprego de grave ameaça ou violência à pessoa;
b. ao estranho que participa do crime.
c. se o crime é praticado contra pessoa com idade igual ou superior a 60 (sessenta) anos.

O Estatuto da pessoa com deficiência não alterou este dispositivo, razão pela qual a não caberá interpretar neste sentido para não causar analogia *in malam partem*.

15. CRIMES CONTRA A ORGANIZAÇÃO DO TRABALHO

15.1. INFORMAÇÕES GERAIS

O DIREITO À ORGANIZAÇÃO DO TRABALHO CONSTITUI FUNDAMENTO CONSTITUCIONAL E, COM ISSO, TEM PREVISÃO NO CÓDIGO PENAL PARA SUA PROTEÇÃO, DE FORMA GERAL, QUAIS AS CARACTERÍSTICAS IMPORTANTES SOBRE OS CRIMES CONTRA A ORGANIZAÇÃO DO TRALHO?

São características gerais destes crimes:

a. Crimes relativos à organização do trabalho não são de competência de processamento e julgamento da JUSTIÇA DO TRABALHO, mas sim, da JUSTIÇA FEDERAL (quando ofender o sistema de órgãos e institutos destinados a preservar, coletivamente, os direitos e deveres dos trabalhadores – art. 109, VI, CRFB/88) ou da JUSTIÇA ESTADUAL (quando a conduta);

b. Base Constitucional da temática: arts. 6º, 7º e 8º CRFB/88;

c. Crimes dos arts 197 ao 200 possuem alguma forma de ameaça ou violência envolvida (os arts. 203 e 204, podem ser executados mediante fraude ou violências): nestes casos não se admitirá o ACNPP (art. 28-A CPP);

d. Todos os crimes são punidos a título de detenção, salvo o art. 202, que é punido com reclusão;

e. Atente-se que o crime de "Redução a condição análoga à de escravo", previsto no art. 149, é uma figura penal contra a liberdade individual (crime contra a pessoa);
f. Todos os tipos penais são dolosos;
g. Todos os tipos penais são de ação penal pública incondicionada.

15.2. ATENTADO CONTRA A LIBERDADE DE TRABALHO

EXISTE DIFERENCIAÇÃO QUANTO AO SUJEITO ATIVO E AS CONDUTAS DESCRITAS NO ART. 197 ("ART. 197 - CONSTRANGER ALGUÉM, MEDIANTE VIOLÊNCIA OU GRAVE AMEAÇA: I - A EXERCER OU NÃO EXERCER ARTE, OFÍCIO, PROFISSÃO OU INDÚSTRIA, OU A TRABALHAR OU NÃO TRABALHAR DURANTE CERTO PERÍODO OU EM DETERMINADOS DIAS: PENA - DETENÇÃO, DE UM MÊS A UM ANO, E MULTA, ALÉM DA PENA CORRESPONDENTE À VIOLÊNCIA; II - A ABRIR OU FECHAR O SEU ESTABELECIMENTO DE TRABALHO, OU A PARTICIPAR DE PAREDE OU PARALISAÇÃO DE ATIVIDADE ECONÔMICA: PENA - DETENÇÃO, DE TRÊS MESES A UM ANO, E MULTA, ALÉM DA PENA CORRESPONDENTE À VIOLÊNCIA)?

No que se refere o inciso I - Sujeito ativo: qualquer pessoa; Sujeito passivo: Qualquer pessoa poderá ser vítima. No que se refere o inciso II - Sujeito ativo: qualquer pessoa; Sujeito passivo: 1ª parte do inciso apenas o proprietário do estabelecimento; 2ª parte, qualquer pessoa. Para esclarecer, "parede" consiste em modalidade de abandono coletivo de trabalho por parte do estabelecimento/empresa industrial, comercial, agrícola (não é greve, pois esta deveria ser pacífica; na parede há uma coação para a participação). É crime de ação penal pública incondicionada. Há o cúmulo material obrigatório no caso de emprego de violência = pena do art. 197 + pena correspondente ao crime provocado pela violência. O momento consumativo ocorre quando a vítima cede em face do constrangimento, fazendo ou deixando de fazer o que o dispositivo menciona. Existem apenas na modalidade dolosa. São crimes de menor potencial ofensivo, sendo admissível a transação penal, a suspensão condicional do processo e o rito sumaríssimo da Lei 9099/95.

15.3. ATENTADO CONTRA A LIBERDADE DE CONTRATO DE TRABALHO E BOICOTAGEM VIOLENTA

COMO IDENTIFICAR O CRIME DE ATENTADO CONTRA A LIBERDADE DE CONTRATO DE TRABALHO E BOICOTAGEM VIOLENTA?

É uma norma penal em branco, pois o conceito de contrato de trabalho é estabelecido pela CLT (1ª parte). Boicotagem violenta (2ª parte): é uma forma de ostracismo econômico, onde a pessoa que se vê sem matéria-prima ou produto sendo fornecido, terá que cessar suas atividades. Perceba que é crime bicomum, ou seja, qualquer pessoa poderá ser sujeito ativo do crime e, também, qualquer pessoa poderá ser sujeito passivo do crime. Atente-se aos casos e possa existir JUSTA CAUSA para a realização da conduta, contexto em que possibilita a configuração de atipicidade da conduta praticada. Admite-se a tentativa. Existirá cúmulo material obrigatório no caso de emprego de violência = pena do art. 198 + pena correspondente ao crime provocado pela violência. É crime de menor potencial ofensivo, sendo admissível a transação penal, a suspensão condicional do processo e o rito sumaríssimo da Lei 9099/95. Crime de ação penal pública incondicionada.

15.4. ATENTADO CONTRA A LIBERDADE DE ASSOCIAÇÃO

O CRIME DE ATENTADO CONTRA A LIBERDADE DE ASSOCIAÇÃO POSSUI ALGUMA CARACTERÍSTICA ESPECÍFICA PARA SUA EXISTÊNCIA?

O crime do art. 199 tem sua base de proteção no texto constitucional da liberdade de associação, definida nos termos do art. 5º, XVII, CRFB/88: "é plena a liberdade de associação para fins lícitos, vedada a de caráter paramilitar". É uma norma penal em branco, cuja complementação se dá por meio do Decreto Lei 1.402/1939 e da CLT, para fins de conceituação das associações profissionais e sindicatos.

Associação profissional é a união de pessoas "fins de estudo, defesa e coordenação dos seus interesses econômicos ou profissionais de todos os que, como empregadores, empregados, agentes ou trabalhadores autônomos ou profissionais liberais exerçam, respectivamente, a mesma atividade ou profissão ou atividades ou profissões similares ou conexas" (art. 1º, Dec. Lei 1.402/1939 e art. 511, da CLT); "a denominação 'sindicato' é privativa das associações profissionais de primeiro grau, reconhecidas na forma desta lei" (art. 50, Dec. Lei 1.402/1939 e art. 561, da CLT).

Tem-se dolo genérico e admite-se a tentativa.

Cúmulo material obrigatório no caso de emprego de violência = pena do art. 199 + pena correspondente ao crime provocado pela violência.

É crime de menor potencial ofensivo, sendo admissível a transação penal, a suspensão condicional do processo e o rito sumaríssimo da Lei 9099/95.

Crime de ação penal pública incondicionada.

15.5. PARALISAÇÃO DE TRABALHO, SEGUIDA DE VIOLÊNCIA OU PERTURBAÇÃO DA ORDEM

TODA SUSPENSÃO ACARRETARÁ O CRIME DO ART. 200, DO CP?

Não é toda suspensão (também denominada "lockout", considera-se uma greve patronal – uma espécie de abandono coletivo dos empregadores) ou abandono coletivo de trabalho (é o abandono do trabalho, de forma coletiva, por parte dos empregados), mas sim os que tiverem a prática de violência. Necessita de pluralidade de agentes, ou seja, é crime de concurso necessário. Atente-se que, conforme a lei nº 7.783, de 28 de junho de 1989, que dispõe sobre o exercício do direito de greve, define as atividades essenciais, regula o atendimento das necessidades inadiáveis da comunidade, e dá outras providências, em seu art. 2º: "para os fins desta Lei, considera-se legítimo exercício do direito de greve a suspensão coletiva, temporária e pacífica, total ou parcial, de prestação pessoal de serviços a empregador". É possível o cúmulo material obrigatório no caso de emprego de violência = pena do art. 200 + pena correspondente ao crime provocado pela violência. É crime de menor potencial ofensivo, sendo admissível a transação penal, a suspensão condicional do processo e o rito sumaríssimo da Lei 9099/95.

Atenção! Por ser tratar de crime em face de suspensão ou abandono de trabalhos, que são de caráter coletivos, a competência será da JUSTIÇA FEDERAL (art. 109, inciso IV, CRFB/88).

15.6. PARALISAÇÃO DE TRABALHO DE INTERESSE COLETIVO

DE MANEIRA GERAL, COMO OCORRE O CRIME DO ART. 201, "PARTICIPAR DE SUSPENSÃO OU ABANDONO COLETIVO DE TRABALHO, PROVOCANDO A INTERRUPÇÃO DE OBRA PÚBLICA OU SERVIÇO DE INTERESSE COLETIVO"?

São características deste crime:

a. Sujeito ativo: pessoa empregada ou empregador de esteja vinculada à obra ou serviço citados.
b. Sujeito passivo: coletividade.
c. Obra pública: para fins deste artigo, é aquela determinada pela Administração Pública, mas praticada por particulares (se fosse por funcionário público, estaria entre os crimes descritos nos arts. 312 a 326, do CP).
d. Serviço de interesse coletivo: visam as necessidades da coletividade (ex.: água, esgoto, iluminação, segurança pública, etc.).
e. Dolo específico de interrupção da obra público ou serviço de interesse coletivo.
f. Admite-se a tentativa.
g. Não admite forma culposa.
h. É crime de menor potencial ofensivo, sendo admissível a transação penal, a suspensão condicional do processo e o rito sumaríssimo da Lei 9099/95.
i. Crime de ação penal pública incondicionada.

Atenção! Por ser tratar de crime em face de suspensão ou abandono de trabalhos, que são de caráter coletivos, a competência será da JUSTIÇA FEDERAL (art. 109, inciso IV, CRFB/88).

15.7. INVASÃO DE ESTABELECIMENTO INDUSTRIAL, COMERCIAL OU AGRÍCOLA. SABOTAGEM

COMO SE PRATICA O CRIME DO ART. 202?

Existem em duas modalidades:

a. Invadir ou ocupar estabelecimento industrial, comercial ou agrícola;

b. Danificar o estabelecimento ou as coisas nele existentes ou delas dispor (sabotagem).

São crimes comuns, quanto ao sujeito ativo, podendo ser praticado pelo funcionário ou por terceira pessoa.

O proprietário dos citados estabelecimentos e a coletividade (quando privada de algum setor de serviço prestado pelo estabelecimento) são os sujeitos passivos.

Dolo específico de impedir ou embaraçar o curso normal do trabalho.

Não admite a tentativa **apenas na forma de ocupar.**

Não admite forma culposa.

É crime de médio potencial ofensivo, sendo admissível a suspensão condicional do processo, se preencher os requisitos do art. 89, da Lei 9099/95.

Crime de ação penal pública incondicionada.

COMO IDENTIFICAR OS VERBOS NUCLEARES DESTE TIPO PENAL?

Conforme seja cada modalidade:

a. Invadir ou ocupar estabelecimento industrial, comercial ou agrícola, a consumação se dará quando
no caso de INVADIR: é o ingresso sem autorização.
No caso de OCUPAR: tomar posse de algum dos lugares, de forma indevida.

É crime formal e permanente.

b. Danificar o estabelecimento ou as coisas nele existentes ou delas dispor (sabotagem), a consumação se dará quando
DANIFICAR: é o ato de, total ou parcialmente, estragar algo, deteriorando, inutilizando ou destruindo.
DISPOR: agir em relação a algo como se seu fosse, quer seja vendendo, trocando, alugando etc.

É crime material e instantâneo.

15.8. FRUSTRAÇÃO DE DIREITO ASSEGURADO POR LEI TRABALHISTA

QUAL A DIFERENCIAÇÃO DO ART. 203 E O CRIME DO ART. 149?

O art. 203 é crime subsidiário em relação ao art. 149, do CP, que se refere a redução à condição análoga à de escravo, sendo o art. 149 uma restrição de liberdade de locomoção e o art. 203, §1º, uma restrição apenas moral, sem impedir sua liberdade de locomoção. Perceba que o art. 203 é uma norma penal em branco homogênea, complementada pela legislação trabalhista, tendo como núcleo do tipo **frustrar**, impedindo ou privando o direito assegurado por lei trabalhista à alguém, com emprego de violência ou fraude. Em todas as modalidades do art. 203, constituem-se em crimes de menor potencial ofensivo, sendo admissível a transação penal, a suspensão condicional do processo e o rito sumaríssimo da Lei 9099/95.

15.9. FRUSTRAÇÃO DE LEI SOBRE A NACIONALIZAÇÃO DO TRABALHO

TAMBÉM O ART. 203, COMO O ART, 204 DISCORREM SOBRE O VERBO NUCLEAR FRUSTRAR. NO CASO DO ART. 204, COMO CONFIGURAR ESTA CONDUTA PENAL?

O art. 204 também é norma penal em branco homogênea, complementada pela CLT (arts. 352 a 371), cujo núcleo do tipo **frustrar**, exige o emprego de violência ou fraude, para que alguém tenha sua obrigação legal relativa à nacionalização do trabalho lesada. É crime de menor potencial ofensivo, sendo admissível a transação penal, a suspensão condicional do processo e o rito sumaríssimo da Lei 9099/95. Salientando que haverá cúmulo material obrigatório no caso de emprego de violência = pena do art. 204 + pena correspondente ao crime provocado pela violência; se **frustrar o direito individual do trabalho**, o concurso também existirá em conjunto com o art. 203, do CP.

> **Atenção!** Por se tratar de crime em face de suspensão ou abandono de trabalhos, que são de caráter coletivos, a competência será da JUSTIÇA FEDERAL (art. 109, inciso IV, CRFB/88).

15.10. EXERCÍCIO DE ATIVIDADE COM INFRAÇÃO DE DECISÃO ADMINISTRATIVA

QUAL A PROTEÇÃO VISADA PELO CRIME DO ART. 205 ("EXERCER ATIVIDADE, DE QUE ESTÁ IMPEDIDO POR DECISÃO ADMINISTRATIVA: PENA - DETENÇÃO, DE TRÊS MESES A DOIS ANOS, OU MULTA"?

Tutela-se o cumprimento de decisões administrativas provenientes do Estado em relação ao exercício das atividades trabalhistas. Considera-se crime habitual (necessária uma reiteração de atos). É crime próprio quando ao sujeito ativo: apenas a pessoa que estiver administrativamente impedida de exercer determinada atividade. Sujeito passivo: Estado. É crime de ação penal pública incondicionada, em que não admite tentativa. Existe apenas na modalidade dolosa.

Competência, em regra, é da Justiça Estadual, pois não se faz referência à coletividade de trabalho; podendo ser da Justiça Federal, caso o crime seja praticado em detrimento de bens, interesses ou serviços da União (médico que tiver o cancelamento de sua inscrição no Conselho Federal de Medicina e continuar exercendo suas atividades – pelo princípio da especialidade para afastamento da conduta incorrerá no art. 282).

15.11. ALICIAMENTO PARA O FIM DE EMIGRAÇÃO

A CONDUTA DE RECRUTAR TRABALHADORES, MEDIANTE FRAUDE, COM O FIM DE LEVÁ-LOS PARA TERRITÓRIO ESTRANGEIRO ESTÁ PREVISTA NO ART. 206, DO CP. COMO SE CARACTERIZA?

A conduta visa a proteção da manutenção dos trabalhadores brasileiros em território pátrio. Será praticada na forma de **recrutar**, atraindo, de modo fraudulento, interessados, com finalidade específica de levar pessoa para trabalhar no exterior (falsa promessa de trabalho/emprego honesto com alto salário, por exemplo, em que a pessoa se depare, na verdade, com trabalho de condições precárias)

> **Atenção!** Por ser tratar de crime em face de suspensão ou abandono de trabalhos, que são de caráter coletivos, a competência será da JUSTIÇA FEDERAL (art. 109, inciso IV, CRFB/88).

16. CRIMES CONTRA A DIGNIDADE SEXUAL

16.1. ESTUPRO

COM A REDAÇÃO DADA PELA LEI Nº 12.015, DE 2009, O ANTIGO TÍTULO X, QUE RECEBIA A NOMENCLATURA DE CRIMES CONTRA OS COSTUMES, PASSOU A PERCEBER A EXISTÊNCIA DA DIGNIDADE DA PESSOA HUMANA, EM SUA TOTALIDADE, PASSOU A CHAMAR A REDAÇÃO DESTE TÍTULO DE CRIMES CONTRA A DIGNIDADE SEXUAL. A CITADA LEI TAMBÉM ALTEROU OS ARTIGOS 213 E 214, REVOGANDO ESTE ÚLTIMO DISPOSITIVO. HOUVE *ABOLITIO CRIMINIS*?

A alteração da lei 12.015/2009 trouxe a unificação das condutas dos arts. 213 e 214, não ocorrendo a *abolitio criminis* quanto ao art. 214, mas; sim, houve o deslocamento da conduta típica, incorporada junto ao art. 213, justificada pelo princípio da continuidade típico-normativa.

COM ESTA ALTERAÇÃO TRAZIDA PELA LEI 12.015/2009, COMO PODEMOS CONFIGURAR A CONDUTA DE ESTUPRO?

Primeiramente, cabe informar que incide nesta conduta a lei de crimes hediondos, tanto na forma do *caput*, como também nas figuras qualificadoras dos §§ 1º e 2º. Para a identificação do estupro a conduta poderá ocorrer quando:

a. Constranger (necessária a consciência da vítima para haver o constrangimento, senão, configurará o art. 217-A) alguém, mediante violência ou grave ameaça, a ter conjunção carnal (apenas em casos de heterossexualidade);
b. Constranger (necessária a consciência da vítima para haver o constrangimento, senão, configurará o art. 217-A) alguém, mediante violência ou grave ameaça, a praticar ou permitir que com ele se pratique outro ato libidinoso (prescindível da heterossexualidade). Prescindibilidade do contato físico (contemplação lasciva).

16.2. VIOLAÇÃO SEXUAL MEDIANTE FRAUDE

VIOLAÇÃO SEXUAL MEDIANTE FRAUDE (CONDUTA DESCRITA NO ART. 215, "TER CONJUNÇÃO CARNAL OU PRATICAR OUTRO ATO LIBIDINOSO COM ALGUÉM, MEDIANTE FRAUDE OU OUTRO MEIO QUE IMPEÇA OU DIFICULTE A LIVRE MANIFESTAÇÃO DE VONTADE DA VÍTIMA") É A MESMA COISA DE ESTELIONATO SEXUAL?

Popularmente, o crime do art. 215 é chamado de estelionato sexual tendo em vista que, para a prática da conduta delitiva, o consentimento da vítima para a prática do ato é obtido em face da fraude ou de algum outro recurso que impossibilite a livre manifestação da vítima, como é o caso de médico que, em um procedimento de exame de rotina numa paciente, introduz dedos da vagina da paciente sem que esta conduta faça parte do procedimento médico; ou, ainda, situação de pastor que, a pretexto de suposta cura de doença da vítima, convence esta a realizar sexo oral como forma de cura; ou, em caso de irmão gêmeo que mantém relação sexual com a cunhada se passando pelo irmão. Cuidado que, apesar de ser considerado crime comum, não poderá ser vítima pessoa menor de 14 anos ou, se a vítima estiver em situação de vulnerabilidade em razão de falta/deficiência na capacidade de resistência da vítima, nestes casos, teremos o art. 217- A. Outra observação importante é que a fraude grosseira descaracterizará a conduta penal.

SE UMA PESSOA, MAIOR DE 14 ANOS DE IDADE, CONSENTE PARA A PRÁTICA DA CONJUNÇÃO CARNAL, DESDE QUE SEJA REALIZADA COM USO DE PRESERVATIVOS, MAS, DURANTE O ATO, O SEU COMPANHEIRO OU COMPANHEIRA, SEM QUE A OUTRA PESSOA PERCEBA, TIRA O PRESERVATIVO E CONTINUA A RELAÇÃO SEXUAL, PODEREMOS INCIDIR NA CONDUTA DO ART. 215?

Sim, a conduta conhecida como "stealthing", relacionada a expressão "dissimulação", poderá configurar o crime de violação sexual mediante fraude, desde que não ocorra situação mais gravosa. Por exemplo, no caso narrado, se durante a relação, a pessoa perceba que o preservativo foi retirado, para a relação e a outra pessoa, mediante violência ou grave ameaça insiste no ato, teremos o crime de estupro e não mais o crime do art. 215.

16.3. IMPORTUNAÇÃO SEXUAL

COM A INCLUSÃO DO CRIME DE IMPORTUNAÇÃO SEXUAL NO CÓDIGO PENAL, HOUVE O *ABOLITIO CRIMINIS* COM RELAÇÃO A CONDUTA DO ART. 61, DA LEI DE CONTRAVENÇÃO PENAL?

A lei 13.718/2018, revogou o art. 61, da lei das Contravenções Penais (Decreto-Lei nº 3.688, de 3 de outubro de 1941.): "art. 61. Importunar alguém, em lugar público ou acessível ao público, de modo ofensivo ao pudor: Pena – multa". Mas perceba que houve a continuidade normativo-típica, alocada no art. 215-A. Com a novel legislação, podemos destacar que são características do deste tipo penal:

a. Crime bicomum, sendo sujeito passivo e sujeito ativo, qualquer pessoa;
b. O objeto jurídico protegido é a liberdade sexual das pessoas;
c. Possui o elemento subjetivo de agir, com dolo específico, de satisfazer a própria lascívia ou a de terceiro;
d. O consentimento exclui a prática do tipo penal;
e. É crime subsidiário, somente existindo caso não configura infração penal mais gravosa.

16.4. ASSÉDIO SEXUAL

O QUE CARACTERIZA O CRIME DE ASSÉDIO SEXUAL?

São características do tipo penal:

a. Quanto ao sujeito ativo, é crime comum, tendo em vista que pode ser praticado por qualquer pessoa, desde que detenha posição de superior hierárquico ou ascendência inerentes ao exercício de emprego, cargo ou função;
b. Sujeito passivo será a pessoa que está sujeita à hierarquia ou à ascendência do sujeito ativo;
c. O objeto jurídico protegido é a liberdade sexual das pessoas;
d. Possui o elemento subjetivo de obter vantagem ou favorecimento sexual, prevalecendo-se o agente da sua condição de superior hierárquico ou ascendência inerentes ao exercício de emprego, cargo ou função;
e. É crime formal, consumando a conduta no momento do constrangimento.

Vale destacar que é cabível a transação penal e suspensão condicional do processo conforme lei 9099/95, na figura do *caput*, mas, com relação ao §2º, incabível, a transação penal ou a suspensão condicional do processo da lei 9099/95, por extrapolar os limites da pena do rito sumaríssimo.

É POSSÍVEL FALARMOS DE ASSÉDIO SEXUAL MESMO NÃO HAVENDO A RELAÇÃO LABORAL ENTRE OS AGENTES, COMO NO CASO DE RELAÇÃO ENTRE PROFESSOR E ALUNO?

Apesar de estar expresso no art. 216-A, a posição de superior hierárquico ou ascendência inerentes ao exercício de emprego, cargo ou função em relação ao sujeito ativo da conduta, o STJ se manifestou no sentido de que "insere-se no tipo penal de assédio sexual a conduta de professor que, em ambiente de sala de aula, aproxima-se de aluna e, com intuito de obter vantagem ou favorecimento sexual, toca partes de seu corpo (barriga e seios), por ser propósito do legislador penal punir aquele que se prevalece de sua autoridade moral e intelectual – dado que o docente naturalmente suscita reverência e vulnerabilidade e, não raro, alcança autoridade paternal – para auferir a vantagem de natureza sexual, pois o vínculo de confiança e admiração criado entre aluno e mestre implica inegável superioridade, capaz de alterar o ânimo da pessoa constrangida. 4. É patente a aludida "ascendência", em virtude da "função" desempenhada pelo recorrente – também elemento normativo do tipo –, devido à atribuição que tem o professor de interferir diretamente na avaliação e no desempenho acadêmico do discente, contexto que lhe gera, inclusive, o receio da reprovação. Logo, a "ascendência" constante do tipo penal objeto deste recurso não deve se limitar à ideia de relação empregatícia entre as partes. Interpretação teleológica que se dá ao texto legal. 5. Recurso especial conhecido e não provido. EREsp 1759135" (2018/0168894-7 – 01/10/2019)

16.5. REGISTRO NÃO AUTORIZADO DA INTIMIDADE SEXUAL

O REGISTRO DE NUDES NÃO AUTORIZADA CONFIGURA CRIME?

A lei 13.772/2018 surgiu em complementação ao art. 218-C, incluído este no CP pela lei 13.718, de 2018, que prevê a conduta de divulgação de cena de estupro ou de cena de estupro de vulnerável, de cena de sexo ou de pornografia. No crime do art. 216-B, que corresponde ao ato de "produzir, fotografar, filmar ou registrar, por qualquer meio, conteúdo com cena de nudez ou ato sexual ou libidinoso de caráter íntimo e privado sem autorização dos participantes, ou, ainda, quem "realiza montagem em fotografia, vídeo, áudio ou qualquer outro registro com o fim de incluir pessoa em cena de nudez ou ato sexual ou libidinoso de caráter íntimo", o crime é bicomum, sendo sujeito passivo e sujeito ativo, qualquer pessoa. O objeto jurídico protegido é a dignidade sexual das pessoas. Possui o elemento subjetivo de produzir, fotografar, filmar ou registrar, por qualquer meio, conteúdo com cena de nudez ou ato sexual ou libidinoso de caráter íntimo e privado **sem autorização dos participantes**. Ou seja, o consentimento do ato exclui a conduta penal, apenas nos casos de vítima com idade de 18 anos ou mais, se for menor de 18 anos, incidirá o art. 240, do ECA, em face do princípio da especialidade.

16.6. ESTUPRO DE VULNERÁVEL

O QUE É A VULNERABILIDADE PREVISTA NO ESTUPRO DO ART. 217?

O CRIME DE ESTUPRO DE VULNERÁVEL PODE DECORRER DE DUAS SITUAÇÕES:

a. no caso de vulnerabilidade em razão da idade:

> Art. 217-A. Ter conjunção carnal ou praticar outro ato libidinoso com menor de 14 (catorze) anos: (Incluído pela Lei nº 12.015, de 2009)
> Pena - reclusão, de 8 (oito) a 15 (quinze) anos. (Incluído pela Lei nº 12.015, de 2009)

b. e no caso de vulnerabilidade a outros títulos:

> § 1º. Incorre na mesma pena quem pratica as ações descritas no caput com alguém que, por enfermidade ou deficiência mental, não tem o necessário discernimento para a prática do ato, ou que, por qualquer outra causa, não pode oferecer resistência. (Incluído pela Lei nº 12.015, de 2009)

O foco central de diferenciação entre as modalidades de vulnerabilidade se refere à idade da vítima, menor de 14 anos, ou a sua capacidade de discernimento para prática do ato, ou pela possibilidade de oferecer resistência. Perceba que, quanto à primeira hipótese, a presunção de vulnerabilidade é absoluta. Inclusive, é este o entendimento do STJ, consolidado em sua Súmula 543 ("o crime de estupro de vulnerável se configura com a conjunção carnal ou prática de ato libidinoso com menor de 14 anos, sendo irrelevante eventual consentimento da vítima para a prática do ato, sua experiência sexual anterior ou existência de relacionamento amoroso com o agente"). Na vulnerabilidade a outros títulos, entretanto, temos a presunção relativa, ou seja, deverá haver comprovação da situação.

Inclusive, cabe destacar que tal posicionamento também está expressamente previsto no próprio art. 217-A, quando prevê, em seu §5º, que as penas previstas no *caput* e nos §§ 1º, 3º e 4º deste artigo aplicam-se independentemente do consentimento da vítima ou do fato de ela ter mantido relações sexuais anteriormente ao crime.

O *CAPUT* PREVÊ QUE A VÍTIMA SERÁ PESSOA MENOR DE 14 ANOS, MAS E SE O FATO FOR PRATICADO NA DATA DE ANIVERSÁRIO DOS 14 ANOS?

Nesta situação temos uma lacuna legal, pois o legislador apenas especificou como vítima em razão da idade a pessoa menor de 14 anos. Não, então, fazermos analogia *in malam partem*. Devendo ser observado ser a prática do ato é consentida, neste caso, não teremos, via de regra, conduta penal. Se, entretanto, for praticada emprego de violência ou grave ameaça, poderemos ter o crime do art. 213, na forma simples, descrita no *caput*. Perceba que não se trata da forma qualificada do §1º do art. 213, tendo em vista que esta qualificadora expressamente determinada que o fato seja praticado contra vítima maior de 14 anos e menor de 18 anos, não encaixando, novamente, a pessoa com exatos 14 anos de idade.

NAS FORMAS QUALIFICADORAS DO ART. 217-A, TEMOS AS SEGUINTES POSSIBILIDADES:

se da conduta resulta lesão corporal de natureza grave; ou se da conduta resulta morte. Se tivermos em uma situação em que a pessoa for vítima do estupro de vulnerável e resultar em morte, por exemplo, como identificar se o caso será crime qualificado de estupro de vulnerável ou concurso de crimes entre estupro de vulnerável e homicídio?

Estas mesmas hipóteses de qualificadoras estão, também, no art. 213 e, com isso, é importante que na situação em análise, seja observado se é caso de figura preterdolosa ou contexto distintos. Exemplo: se durante a prática da conjunção carnal, com pessoa menor de 14 anos, o sujeito ativo, causa a morte da vítima, em decorrência da conjunção carnal, ou seja, no mesmo contexto, estaremos diante da qualificadora. Todavia, se logo após a prática da conjunção carnal, com menor de 14 anos, novamente como exemplo, o sujeito ativo decide matar a vítima para assegurar a impunidade do crime de estupro de vulnerável praticado, neste caso, estaremos diante do concurso material de crimes, haja vista se tratar de mais de uma ação ou omissão, embora no mesmo contexto, mas com finalidades distintas.

16.7. CORRUPÇÃO DE MENORES

O QUE É PRECISO PARA CONFIGURAR O CRIME DE CORRUPÇÃO DE MENORES E COMO DIFERENCIÁ-LO DO CRIME DE MEDIAÇÃO PARA SERVIR A LASCÍVIA DE OUTRA?

Para que haja a conduta do art. 218, são necessários três sujeitos no contexto (relação triangular):

a. Sujeito ativo do art. 218 (será o mediador): qualquer pessoa poderá praticar a conduta, sendo então, crime comum;
b. Sujeito passivo (vítima) é o menor de 14 anos
c. Terceiro que a vítima seja induzida a satisfazer a lascívia de outrem (consumidor do ato).

Para diferenciar a conduta do art. 218, das condutas previstas no art. 227, é importante observar a idade da vítima:

Em relação à idade da vítima, possibilidade de tipo penal		
Menor de 14 anos	Maior de 14 anos e menor de 18 anos	18 anos ou mais
Art. 218 **Corrupção de menores**	Mediação para servir a lascívia de outrem Art. 227 – (...) § 1o Se a vítima é maior de 14 (catorze) e menor de 18 (dezoito) anos (...): (Redação dada pela Lei nº 11.106, de 2005) Pena - reclusão, de dois a cinco anos.	Mediação para servir a lascívia de outrem Art. 227 - Induzir alguém a satisfazer a lascívia de outrem: Pena - reclusão, de um a três anos.

APONTAMENTOS DE DIREITO PENAL 181

16.8. PROMOÇÃO DE MIGRAÇÃO LEGAL

COMO DIFERENCIAR OS CRIMES DE TRÁFICO DE PESSOAS (ART. 149-A) E DE PROMOÇÃO DE MIGRAÇÃO ILEGAL (ART. 232-A)?

Alguns itens básicos na análise dos tipos penais dos arts. 149-A e 232-A diferencia-os. Quais sejam:

	Art. 149-A Tráfico de Pessoas	Promoção de migração ilegal Art. 232-A
Bem jurídico	Liberdade individual e dignidade da pessoa humana	Administração Pública, em face do interesse acerca do controle de entrada e saída de pessoas no território nacional
Conduta	Não pressupõe entrada ou saída ilegal do país	Pressupõe entrada ou saída ilegal do país
Sujeito passivo	Pessoa vítima sobre a qual recai a conduta penal	Estado e, secundariamente, pode também incidir sobre a pessoa atingida
Elemento subjetivo específico	Conforme sejam as intenções descritas nos incisos I ao V do artigo	Obtenção da vantagem econômica

17. CRIMES CONTRA A FAMÍLIA

17.1. BIGAMIA

O TIPO PENAL DE BIGAMIA, PREVISTO NO ART. 235 ("CONTRAIR ALGUÉM, SENDO CASADO, NOVO CASAMENTO") LIMITA A QUANTIDADE DE CASAMENTOS A SEREM CONTRAÍDOS?

O tipo penal protege a instituição do casamento, da organização familiar e demais reflexos na ordem jurídica que o ato possa causar quanto aos direitos e deveres entre os cônjuges. Pode haver a responsabilização pela bigamia e pela poligamia (a pessoa que contrai três ou mais casamentos, já sendo casada), caso haja poligamia, deve-se considerar existência de concurso de crimes e não crime único.

Atenção: não abrange união estável, apenas matrimônio (configuração de analogia *in malam partem*). Cabe mencionar que, com relação ao *capu*, será sujeito ativo a pessoa casada, ou seja, é crime próprio. Mas, com relação ao §1º, sujeito ativo será pessoa não casada, podendo ser a pessoa solteira, divorciada ou viúva. Ambas as figuras admitem participação, exemplo de testemunha que afirma existência de impedimento. O sujeito passivo será o Estado e, de forma secundária, o cônjuge lesado do primeiro casamento ou do casamento subsequente, se de boa fé. Destaque-se que é crime de ação penal pública incondicionada.

17.2. INDUZIMENTO A ERRO ESSENCIAL E OCULTAÇÃO DE IMPEDIMENTO

COMO DIFERENCIAR O CRIME DE BIGAMIA E O CRIME DE "CONTRAIR CASAMENTO, INDUZINDO EM ERRO ESSENCIAL O OUTRO CONTRAENTE, OU OCULTANDO-LHE IMPEDIMENTO QUE NÃO SEJA CASAMENTO ANTERIOR"?

Primeira coisa a destacar, é que o crime do art. 236 é o único crime do Código Penal que é de ação penal de natureza privada personalíssima, ou seja, somente a vítima poderá propor a ação penal. No art. 236, qualquer pessoa poderá ser sujeito ativo. Já sendo característica diferenciadora no art. 235. O sujeito passivo o Estado e contraente de boa fé. No caso do impedimento que esteja sendo ocultado, for a hipótese de casamento anterior, o crime será o de bigamia (art. 235). Perceba que o crime do art. 236 é norma penal em branco homogênea, complementado pelo art. 1557, do Código Civil. Considera-se erro essencial sobre a pessoa do outro cônjuge:

a. o que diz respeito à sua identidade, sua honra e boa fama, sendo esse erro tal que o seu conhecimento ulterior torne insuportável a vida em comum ao cônjuge enganado;
b. a ignorância de crime, anterior ao casamento, que, por sua natureza, torne insuportável a vida conjugal;
c. a ignorância, anterior ao casamento, de defeito físico irremediável que não caracterize deficiência ou de moléstia grave e transmissível, por contágio ou por herança, capaz de pôr em risco a saúde do outro cônjuge ou de sua descendência.

Atenção ao prazo decadencial e prescricional: iniciam-se da data do trânsito em julgado da sentença anulatória.

17.3. CONHECIMENTO PRÉVIO DE IMPEDIMENTO

HAVERÁ O CRIME DO ART. 237 ("CONTRAIR CASAMENTO, CONHECENDO A EXISTÊNCIA DE IMPEDIMENTO QUE LHE CAUSE A NULIDADE ABSOLUTA") APENAS EM RELAÇÃO A UM DOS CONTRAENTE DO CASAMENTO?

se ambos conhecerem a causa de impedimento, serão coautores, mas na hipótese de apenas um dos contraentes tiver conhecimento da existência de impedimento sem comunicar ao outro contraente, será sujeito ativo a pessoa conhecedora da causa de impedimento que caracterizaria nulidade absoluta e, sujeitos passivos serão Estado e o contraente de boa fé. Repara que, novamente, temos crime de norma penal em branco homogênea, complementado pelo art. 1521 do Código Civil. Não podem se casar:

a. os ascendentes com os descendentes, seja o parentesco natural ou civil;
b. os afins em linha reta;
c. o adotante com quem foi cônjuge do adotado e o adotado com quem o foi do adotante;
d. os irmãos, unilaterais ou bilaterais, e demais colaterais, até o terceiro grau inclusive;
e. o adotado com o filho do adotante;
f. as pessoas casadas;
g. o cônjuge sobrevivente com o condenado por homicídio ou tentativa de homicídio contra o seu consorte.

No caso da situação descrita na letra "f" incidirá o crime de bigamia.

Cuidado: O sujeito ativo pode conhecer a causa e praticar o crime omitindo do outro contraente tal informação; caso omita fraudulentamente, incorrerá no art. 236.

17.4. SIMULAÇÃO DE AUTORIDADE PARA CELEBRAÇÃO DE CASAMENTO

O SUJEITO QUE ATRIBUI A SI PRÓPRIO, FALSAMENTE, AUTORIDADE PARA CELEBRAÇÃO DE CASAMENTO, CAUSARÁ NULIDADE DO CASÓRIO?

O casamento celebrado por autoridade incompetente é anulável, mas poderá ser convalidado caso não seja proposta ação anulatória no prazo de dois anos a contar da data de celebração (arts. 1550, VI e 1560, II, ambos do Código Civil). De acordo com a Constituição, poderá celebrar casamentos, a justiça de paz, remunerada, composta de cidadãos eleitos pelo voto direto, universal e secreto, com mandato de quatro anos e competência para, na forma da lei (art. 98, CRFB/88).

17.5. SIMULAÇÃO DE CASAMENTO

SIMULAR CASAMENTO MEDIANTE ENGANO DE OUTRA PESSOA PODERÁ SER O CRIME DE ESTELIONATO?

O crime do art. 239 consiste no fingimento por meio de contexto fraudulento, fazendo com que a pessoa enganada acredite que realmente está se casando. Se duas pessoas simulam o casamento, sabendo uma e a outra da situação enganosa, não incidirá na figura penal deste artigo, porém, se os convidados ou testemunhas forem enganados com intuito de obtenção de alguma vantagem, poderá haver o art. 171.

17.6. REGISTRO DE NASCIMENTO INEXISTENTE

O CRIME DO ART. 241 É CRIME CONTRA A FÉ PÚBLICA, APESAR DE ESTAR DISPOSTO NOS CRIMES CONTRA A FAMÍLIA, MAIS PRECISAMENTE, CONTRA O ESTADO DE FILIAÇÃO?

Sim, no caso do art. 241, protege-se o estado de filiação e a fé nos documentos públicos. Poderá ser sujeito ativo qualquer pessoa, tendo em vista se tratar de crime comum. O sujeito passivo será o Estado e, eventualmente, terceiro lesado pela conduta delitiva. Perceba que o verbo nuclear "**promover**" ocorre no sentido de registrar nascimento inexistente ou de natimorto tido como nascido. É crime de ação penal pública incondicionada. Atenção: o prazo prescricional somente começa a correr a partir da data em que o fato se torna conhecido. Princípio da especialidade, afasta art. 299 (falsidade ideológica).

17.7. PARTO SUPOSTO. SUPRESSÃO OU ALTERAÇÃO DE DIREITO INERENTE AO ESTADO CIVIL DE RECÉM-NASCIDO

COMO CONFIGURAR A CONDUTA DE PARTO SUPOSTO?

O art. 242 prevê quatro condutas autônomas entre si que poderão configurar o tipo penal, são elas:

a. Dar parto alheio como próprio:

Crime próprio quanto ao sujeito ativo, somente praticado por mulher

Não é necessário o registro para consumação desta conduta

Sujeito passivo será o Estado e eventuais herdeiros da autora do crime

b. registrar como seu o filho de outrem;

Crime comum quanto ao sujeito ativo (o Oficial do Cartório e os pais verdadeiros poderão responder pela colaboração à realização da conduta).

Princípio da especialidade, afasta art. 299 (falsidade ideológica).

Sujeito passivo será o Estado e eventual lesado pela conduta.

c. ocultar recém-nascido, suprimindo ou alterando direito inerente ao estado civil;

Sujeito ativo poderá ser qualquer pessoa, crime comum;

Sujeito passivo será o Estado e o recém-nascido prejudicado;

d. substituí-lo, suprimindo ou alterando direito inerente ao estado civil.

Sujeito ativo poderá ser qualquer pessoa, crime comum.

Sujeito passivo será o Estado, o recém-nascido e os familiares que não tenham tomado conhecimento do fato criminoso.

17.8. ABANDONO MATERIAL

QUEM PODERÁ INCORRER NA CONDUTA DE ABANDONO MATERIAL?

O crime do art. 244 do CP, objetiva a proteção da família e a garantia da subsistência. Quanto ao sujeito ativo, é crime próprio, somente podendo praticar quem tem o dever de garantir a subsistência da vítima (cônjuge, companheira/a de união estável, divorciado até o novo casamento/união estável, ascendente, descendente). Sujeito passivo será aquele que tem o direito ao amparo do sujeito ativo. Se um dos cônjuges separados judicialmente vier a necessitar de alimentos, será o outro obrigado a prestá-los mediante pensão a ser fixada pelo juiz, caso não tenha sido declarado culpado na ação de separação judicial (art. 1.704, CC). Se o cônjuge declarado culpado vier a necessitar de alimentos, e não tiver parentes em condições de prestá-los, nem aptidão para o trabalho, o outro cônjuge será obrigado a assegurá-los, fixando o juiz o valor indispensável à sobrevivência (parágrafo único do art. 1.704, CC). Por ser tratar de crime omissivo próprio, não admite tentativa.

Atenção ao princípio da especialidade:

a. Lei 10.741/2003 (Estatuto do Idoso). Art. 98. Abandonar o idoso em hospitais, casas de saúde, entidades de longa permanência, ou congêneres, ou não prover suas necessidades básicas, quando obrigado por lei ou mandado: Pena – detenção de 6 (seis) meses a 3 (três) anos e multa.

b. Lei 13.146/2015 (Estatuto da Pessoa com Deficiência). Art. 90. Abandonar pessoa com deficiência em hospitais, casas de saúde, entidades de abrigamento ou congêneres: Pena - reclusão, de 6 (seis) meses a 3 (três) anos, e multa. Parágrafo único. Na mesma pena incorre quem não prover as necessidades básicas de pessoa com deficiência quando obrigado por lei ou mandado.

17.9. ABANDONO INTELECTUAL (ART. 246) E ABANDONO MORAL (ART. 247)

COMO DIFERENCIAR OS CRIMES DE ABANDONO INTELECTUAL E DE ABANDONO MORAL?

O crime do art. 246, abandono intelectual, tutela a garantia de acesso à educação primária dos filhos. É crime biprório (os pais enquanto sujeitos ativos; os filhos menores em idade escolar enquanto sujeito passivo). Existe a necessidade de existência de dolo na omissão. Seu fundamento constitucional para a criminalização da conduta está previsto no art. 210:

> **CRFB/88. Art. 210.** Serão fixados conteúdos mínimos para o ensino fundamental, de maneira a assegurar formação básica comum e respeito aos valores culturais e artísticos, nacionais e regionais.

§ 1º O ensino religioso, de matrícula facultativa, constituirá disciplina dos horários normais das escolas públicas de ensino fundamental.
§ 2º O ensino fundamental regular será ministrado em língua portuguesa, assegurada às comunidades indígenas também a utilização de suas línguas maternas e processos próprios de aprendizagem.

O Código Civil prevê, também, a responsabilidade dos pais quanto à educação:

> **Código Civil. Art. 1.634.** Compete a ambos os pais, qualquer que seja a sua situação conjugal, o pleno exercício do poder familiar, que consiste em, quanto aos filhos: S
> I - dirigir-lhes a criação e a educação; (Redação dada pela Lei nº 13.058, de 2014)

Importante destacar, também, a fundamentação na lei de diretrizes e bases da educação nacional e no ECA:

> **Lei 9.394/1996. Lei de Diretrizes e Bases da Educação Nacional. Art. 2º.** A educação, dever da família e do Estado, inspirada nos princípios de liberdade e nos ideais de solidariedade humana, tem por finalidade o pleno desenvolvimento do educando, seu preparo para o exercício da cidadania e sua qualificação para o trabalho.
> **Lei 8.069/1990. Estatuto da Criança e do Adolescente. Art. 55.** Os pais ou responsável têm a obrigação de matricular seus filhos ou pupilos na rede regular de ensino.

Já o **crime de abandono moral**, nome dado pela doutrina ao crime do art. 247, poderá ser praticado pelos pais ou por quem exerça poder, guarda ou vigilância em face do menor de 18 anos. O sujeito passivo será o menor de 18 anos que estiver submetido ao poder, guarda ou vigilância do sujeito ativo. Perceba que aqui a proteção se refere à formação moral da criança ou do adolescente, permitindo que a vítima frequente casa de jogo ou mal afamada, ou conviva com pessoa viciosa ou de má vida; ou frequente espetáculo capaz de pervertê-lo ou de ofender-lhe o pudor, ou participe de representação de igual natureza; ou resida ou trabalhe em casa de prostituição; ou mendigue ou sirva a mendigo para excitar a comiseração pública:

18. CRIMES CONTRA A INCOLUMIDADE PÚBLICA

Dos crimes de perigo comum: Protege-se o risco/ameaça que representa para a segurança da coletividade. O perigo caracteriza a probabilidade de dano a um número indeterminado de pessoas.

18.1. INCÊNDIO

O CRIME DE CAUSAR INCÊNDIO É DESTINADO A ATINGIR PESSOA ESPECÍFICA?

Não, caso tenhamos a individualização da conduta em razão de vítima específica o crime não mais será o do art. 250, isto porque este crime visa preservar à coletividade de perigo à saúde, à segurança e à tranquilidade. Causar é ato ou efeito de provocar ou produzir. Expondo a perigo com emprego de incêndio é o modo causador do elemento subjetivo do tipo. Perceba que o elemento subjetivo do tipo é expor a vida, a integridade física ou patrimônio de número indeterminado de pessoas à perigo em face do incêndio causado. Logo, será sujeito ativo: qualquer pessoa (crime comum). Sujeito passivo: a sociedade (crime vago). Atenção quanto ao *animus* do agente ao causar incêndio (possibilidades):

- **a.** Se individualizada a pessoa ou direcionada a alguém, poderá causar art. 121, art. 129;
- **b.** Se a patrimônio específico de alguém, PF/PJ, poderá ser art. 163;

c. Se tiver relação com incêndio em mata ou floresta, a tipificação será do art.41, da Lei 9.605/ de 1998 (Lei de Crimes Ambientais); entre outras situações.

É POSSÍVEL A INCIDÊNCIA DE CAUSA DE AUMENTO DE PENA NO CRIME DE INCÊNDIO?

As majorantes incidem nas seguintes situações:

I - se o crime é cometido com intuito de obter vantagem pecuniária em proveito próprio ou alheio;

II - se o incêndio é:
a. em casa habitada ou destinada a habitação;
b. em edifício público ou destinado a uso público ou a obra de assistência social ou de cultura;
c. em embarcação, aeronave, comboio ou veículo de transporte coletivo;
d. em estação ferroviária ou aeródromo;
e. em estaleiro, fábrica ou oficina;
f. em depósito de explosivo, combustível ou inflamável;
g. em poço petrolífero ou galeria de mineração;
h. em lavoura, pastagem, mata ou floresta.

Atente-se de que é crime não transeunte, ou seja, deixa vestígio, requerem exame pericial para sua comprovação, devendo ser observado o art. 173, do CPP: "no caso de incêndio, os peritos verificarão a causa e o lugar em que houver começado, o perigo que dele tiver resultado para a vida ou para o patrimônio alheio, a extensão do dano e o seu valor e as demais circunstâncias que interessarem à elucidação do fato".

18.2. EXPLOSÃO

QUAIS FORMAS DE EXECUÇÃO DE CONDUTA CARACTERIZA O CRIME DE EXPLOSÃO?

São formas de execução da conduta:
a. Mediante explosão;
b. Por arremesso de engenho de dinamite ou de substância de efeitos análogos, quer seja com emprego de algum aparelho para o arremesso ou com a própria impulso corporal, como o uso das mãos;
c. Por colocação do engenho de dinamite ou de substância de efeitos análogos

Não exige um dolo específico, quando houver, poderá configurar outra conduta penal, como visto no artigo anterior).

Mera posse irregular do artefato explosivo configurará o art. 16, parágrafo único, inciso III, da Lei 10.826/2003 – Estatuto do Desarmamento.

18.3. EPIDEMIA

COMO DIFERENCIAR O TIPO PENAL DE EPIDEMIA E O CRIME DE PERIGO DE CONTÁGIO DE MOLÉSTIA GRAVE?

O art. 267 visa número indeterminado de pessoas, se for pessoal ou quantidade certa, o tipo penal cabível poderá ser o art. 131, CP: "**Perigo de contágio de moléstia grave**. Praticar, com o fim de transmitir a outrem moléstia grave de que está contaminado, ato capaz de produzir o contágio: Pena - reclusão, de um a quatro anos, e multa". Cabe-nos diferenciar:

a. surto: número de casos de uma doença em uma região específica;

b. epidemia: quando um surto acontece em diversas regiões;
c. endemia: doença típica de uma região; relacionada à sazonalidade;
d. pandemia: escala de gravidade que atinge diversas regiões do planeta.

Modalidade culposa: relaciona-se à negligência com o não isolamento ou descuido de esterilização de materiais de exame ou afins.

18.4. INFRAÇÃO DE MEDIDA SANITÁRIA PREVENTIVA

NO CONTEXTO DE PANDEMIA, TIVEMOS A AUTUAÇÃO DE ALGUMAS CONDUTAS COMO SENDO O ART. 268, DO CP. EM QUE CONSISTE ESTE CRIME?

Infringir, desrespeitando ou transgredindo lei, decreto, resolução, portaria etc., do Poder Público que trate **doença contagiosa**, é norma penal em branco, dependendo da regra proveniente do Poder Público. Durante a pandemia do covid-19, tivemos alguns decretos proibindo, inicialmente, a abertura do comércio ao público em determinados dias ou período. O lojista ou comerciante que desrespeitou o decreto imposto pelo governo, causando a possibilidade de propagação do covid-19, poderia ser responsabilizado pelo art. 268.

19. CRIMES CONTRA A PAZ PÚBLICA

19.1. INCITAÇÃO AO CRIME (ART. 286) E APOLOGIA DE CRIME OU CRIMINOSO (ART. 287)

QUAL A DIFERENÇA ENTRE INCITAÇÃO AO CRIME E APOLOGIA DE CRIME?

O crime do art. 286 se refere ao estímulo ou provocação à realização de conduta criminosa, sem a destinação a pessoa certa, feito de forma pública. O fato será atípico se a incitação se tratar de contravenção penal ou ato imoral sem consequência penal. Já crime do art. 287, corresponde a fazer apologia, ou seja, é o ato de elogiar ou exaltar fato criminoso ou autor de crime. Necessita de sentença condenatória irrecorrível em face do autor do crime exaltado.

> Atenção à novidade legislativa inserida pela Lei n. 14.197/2021, fazendo com que o art. passe a ter a seguinte redação:

Incitação ao crime
Art. 286 - Incitar, publicamente, a prática de crime:
Pena - detenção, de três a seis meses, ou multa.
Parágrafo único. Incorre na mesma pena quem incita, publicamente, animosidade entre as Forças Armadas, ou delas contra os poderes constitucionais, as instituições civis ou a sociedade.

19.2. ASSOCIAÇÃO CRIMINOSA (ART. 288) E CONSTITUIÇÃO DE MILÍCIA PRIVADA (ART. 288-A)

COMO DIFERENCIAR O CRIME DE ASSOCIAÇÃO CRIMINOSA E O INSTITUTO DE CONCURSO DE PESSOAS?

O art. 288 corresponde a um crime de concurso necessário. Basicamente é um ato preparatório punível, ou seja, haverá responsabilização penal ainda que os fatos criminosos planejados não sejam concretizados. Vale destacar que para a configuração delitiva da associação criminosa, é necessária a presença de, pelo menos, três sujeitos ativos, que se associem (ou seja, não pode ser a junção eventual), de forma estável, para praticar crimes. Já o concurso de pessoas não necessita de estabilidade entre os sujeitos, podendo haver a prática de uma única infração penal, que será comum a todos os participantes do fato criminoso, desde que haja relevância entre as condutas praticadas, liame subjetivo, existência de fato, pluralidade de, ao menos, dois agentes. Perceba que além destas duas situações, ainda temos a figura de organização criminosa, prevista na lei 12.850/2013, em que para a configuração delitiva é necessário a associação de 4 (quatro) ou mais pessoas estruturalmente ordenada e caracterizada pela divisão de tarefas, ainda que informalmente, com objetivo de obter, direta ou indiretamente, vantagem de qualquer natureza, mediante a prática de infrações penais cujas penas máximas sejam superiores a 4 (quatro) anos, ou que sejam de caráter transnacional.

EXISTE ALGUM REQUISITO QUE DEVE SER OBSERVADO PARA A CONSTITUIÇÃO DE MILÍCIA PRIVADA?

O crime do art. 228-A não descreve o que vem a ser a milícia privada, mas o Relatório Final da Comissão Parlamentar de Inquérito destinada a investigar a ação de milícias no âmbito do estado do Rio de Janeiro, gerou a Resolução Nº 433/2008, analisando que, para configurar a atuação de milícia, cinco eixos que devem acontecer simultaneamente:

a. controle de um território e da população que nele habita por parte de um grupo armado irregular
b. o caráter coativo desse controle
c. o ânimo de lucro individual como motivação central
d. um discurso de legitimação referido à proteção dos moradores e à instauração de uma ordem
e. a participação ativa e reconhecida dos agentes do Estado.

20. CRIMES CONTRA A FÉ PÚBLICA

20.1. NOÇÕES GERAIS

AO ADENTRAR NOS CRIMES CONTRA A FÉ PÚBLICA, COMO DIFERENCIAR O QUE VEM A SER A FALSIDADE MATERIAL, A FALSIDADE IDEOLÓGICA E A FALSIDADE PESSOAL?

Quando falamos de **falsidade material** estamos nos referindo aos aspectos exteriores do objeto material da conduta delitiva. O agente falsifica ou adultera algo que até então era verdadeiro. Ex. art. 289 (Moeda Falsa), 296 (Falsificação do selo ou sinal público) ou 297 (Falsificação de documento público). A **falsidade ideológica**, entretanto, atinge o conteúdo documental, ou seja, embora formalmente seja considerado autêntico o documento, mas a declaração nele contida é falsa. Ex. art. 299 (Falsidade ideológica), art. 300 (Falso reconhecimento de firma ou letra) ou art. 302 (Falsidade de atestado médico). Já a **falsidade pessoal** refere-se à identidade do agente em sentido amplo, ou seja, afeta os elementos de identificação civil da pessoa, tal como nome, estado civil etc. Ex. art. 307 (Falsa identidade), art. 308 ou art. 309 (Fraude de lei sobre estrangeiro).

20.2. FALSA MOEDA

NO CRIME DE FALSA MOEDA PODEREMOS APLICAR O INSTITUTO DO ARREPENDIMENTO POSTERIOR?

Não cabe aplicação do instituto de arrependimento posterior: "crime de moeda falsa - cuja consumação se dá com a falsificação da moeda, sendo irrelevante eventual dano patrimonial imposto a terceiros - a vítima é a coletividade como um todo e o bem jurídico tutelado é a fé pública, que não é passível de reparação. 2. Os crimes contra a fé pública, assim como nos demais crimes não patrimoniais em geral, são incompatíveis com o instituto do arrependimento posterior, dada a impossibilidade material de haver reparação do dano causado ou a restituição da coisa subtraída. 3. As instâncias ordinárias, ao afastar a aplicação da delação premiada, consignaram, fundamentadamente, que "não se elucidou nenhum esquema criminoso; pelo contrário, o réu somente alegou em seu interrogatório a participação de outras pessoas na atuação criminosa, o que não é suficiente para a concessão do benefício da delação"(REsp 1242294/PR, Rel. Ministro SEBASTIÃO REIS JÚNIOR, Rel. p/ Acórdão Ministro ROGERIO SCHIETTI CRUZ, SEXTA TURMA, julgado em 18/11/2014, DJe 03/02/2015)

CABE A APLICAÇÃO DO PRINCÍPIO DA INSIGNIFICÂNCIA?

Não, independentemente da quantidade e do valor das cédulas falsificadas, haverá ofensa ao bem jurídico tutelado, razão pela qual não há falar em mínima ofensividade da conduta do agente, o que afasta a incidência do princípio da insignificância. Este é o entendimento adotado pelo STJ.

20.3. FALSIFICAÇÃO DE DOCUMENTO PÚBLICO

O QUE REPRESENTA "DOCUMENTO PÚBLICO" NO CRIME DO ART. 297?

Documento público é todo aquele emitido por agente público, no exercício de suas funções. Para os efeitos penais, equiparam-se a documento público o emanado de entidade paraestatal, o título ao portador ou transmissível por endosso, as ações de sociedade comercial, os livros mercantis e o testamento particular. Se o próprio agente fizer uso do documento produzido ou alterado, será *post factum* impunível; se outra for a pessoa, uma responderá pelo 297 e a outra que usou responderá pelo art. 304.

É POSSÍVEL A RESPONSABILIZAÇÃO PENAL POR CONDUTA DE QUEM, SEM QUERER, OMITE, NOS DOCUMENTOS DE FOLHA DE PAGAMENTO OU EM DOCUMENTO DE INFORMAÇÕES QUE SEJA DESTINADO A FAZER PROVA PERANTE A PREVIDÊNCIA SOCIAL, PESSOA QUE NÃO POSSUA A QUALIDADE DE SEGURADO OBRIGATÓRIO, POR EXEMPLO?

O §3º do art. 297 prevê que também é considerado crime de falsificação de documento público quem insere ou faz inserir nos documentos de folha de pagamento ou em documento de informações que seja destinado a fazer prova perante a previdência social, pessoa que não possua a qualidade de segurado obrigatório; ou na Carteira de Trabalho e Previdência Social do empregado ou em documento que deva produzir efeito perante a previdência social, declaração falsa ou diversa da que deveria ter sido escrita; ou em documento contábil ou em qualquer outro documento relacionado com as obrigações da empresa perante a previdência social, declaração falsa ou diversa da que deveria ter constado., nome do segurado e seus dados pessoais, a remuneração, a vigência do contrato de trabalho ou de prestação de serviços. Para a configuração da responsabilidade da figura penal do §4º prevalece no STJ que a simples omissão de anotação de contrato na CTPS já preenche o tipo penal descrito no § 4º do art. 297 do Código Penal. Contudo, é imprescindível que a conduta preencha não apenas a tipicidade formal, mas antes e principalmente a tipicidade material. Indispensável, portanto, a demonstração do dolo de falso e da efetiva possibilidade de vulneração à fé pública. A melhor interpretação a ser dada ao art. 297, § 4º, do Código Penal, deveria passar necessariamente pela efetiva inserção de dados na Carteira de Trabalho, com a omissão de informação juridicamente relevante, demonstrando-se, da mesma forma, o dolo do agente em falsear a verdade, configurando efetiva hipótese de falsidade ideológica, o que a tutela penal visa coibir. 6. Recurso especial a que se nega provimento". (REsp 1252635/SP, Rel. Ministro MARCO AURÉLIO BELLIZZE, QUINTA TURMA, julgado em 24/04/2014, DJe 02/05/2014).

20.4. FALSIFICAÇÃO DE DOCUMENTO PARTICULAR

O QUE É O DOCUMENTO PARTICULAR PREVISTO NO ART. 298?

Conduta do art. 298 é praticamente idêntica ao art. 297, salvo quanto ao objeto do delito, que é o documento particular. Documento particular é aquele emitido sem intervenção de funcionário público, mas com relevância de tutela para o direito penal.

Cuidado! Princípio da especialidade: art. 349 do Código Eleitoral "Falsificar, no todo ou em parte, documento particular ou alterar documento particular verdadeiro, para fins **eleitorais**: Pena - reclusão até cinco anos e pagamento de 3 a 10 dias-multa".

20.5. USO DE DOCUMENTO FALSO

QUAL SERÁ A COMPETÊNCIA PARA PROCESSAR E JULGAR O CRIME DE USO DE DOCUMENTO FALSO?

De acordo com a Súmula 546. do STJ: "a competência para processar e julgar o crime de uso de documento falso é firmada em razão da entidade ou órgão ao qual foi apresentado o documento público, não importando a qualificação do órgão expedidor."

20.6. FALSA IDENTIDADE

É NECESSÁRIA A FORMA ESCRITA EM ALGUM DOCUMENTO PARA A CONFIGURAÇÃO DO CRIME DE FALSA IDENTIDADE PREVISTA NO ART. 307?

Não, a conduta do art. 307 possui modo de execução da conduta de forma escrita ou verbalmente, imputando a si ou a outrem identidade que é uma individualidade própria de alguém. Pode ser relativo à pessoa existente ou fictícia.

Cuidado! Princípio da especialidade: Art. 16 da Lei 13.869/2019: Deixar de identificar-se ou identificar-se falsamente ao preso por ocasião de sua captura ou quando deva fazê-lo durante sua detenção ou prisão: Pena - detenção, de 6 (seis) meses a 2 (dois) anos, e multa. Parágrafo único. Incorre na mesma pena quem, como responsável por interrogatório em sede de procedimento investigatório de infração penal, deixa de identificar-se ao preso ou atribui a si mesmo falsa identidade, cargo ou função.

21. CRIMES CONTRA A ADMINISTRAÇÃO PÚBLICA

21.1. NOÇÕES GERAIS

Para iniciarmos os estudos dos crimes contra a Administração Pública, temos que lembrar que, nos casos de crimes praticados por funcionário público, o conceito a ser utilizado não é o mesmo que é estudado no Direito Administrativo, mas sim, o conceito para fins penais constante no art. 327 do CP, que é bem mais abrangente:

> Art. 327 - Considera-se funcionário público, para os efeitos penais, quem, embora transitoriamente ou sem remuneração, exerce cargo, emprego ou função pública.
> § 1º - Equipara-se a funcionário público quem exerce cargo, emprego ou função em entidade paraestatal, e quem trabalha para empresa prestadora de serviço contratada ou conveniada para a execução de atividade típica da Administração Pública. (Incluído pela Lei nº 9.983, de 2000)
> § 2º - A pena será aumentada da terça parte quando os autores dos crimes previstos neste Capítulo forem ocupantes de cargos em comissão ou de função de direção ou assessoramento de órgão da administração direta, sociedade de economia mista, empresa pública ou fundação instituída pelo poder público. (Incluído pela Lei nº 6.799, de 1980)

É POSSÍVEL A APLICAÇÃO DO PRINCÍPIO DA INSIGNIFICÂNCIA AOS CRIMES CONTRA A ADMINISTRAÇÃO PÚBLICA?

É inaplicável o princípio da insignificância aos crimes contra a Administração Pública, conforme teor da Súmula 599 do STJ. Entretanto, STJ e STF possuem entendimentos uniformes no sentido de ser cabível "o princípio da insignificância aos crimes tributários federais e **de descaminho** quando o débito tributário verificado não ultrapassar o limite de R$ 20 mil a teor do disposto no artigo 20 da Lei 10.522/2002, com as atualizações efetivadas pelas Portarias 75 e 130, ambas do Ministério da Fazenda".

21.2. PECULATO

QUAIS ESPÉCIES DE PECULATO TEMOS NO CP?

De forma didática, podemos esquematizar:

Espécies de PECULATO	DEFINIÇÃO
Peculato próprio (art. 312, caput)	**Peculato apropriação**: "Apropriar-se o funcionário público de dinheiro, valor ou qualquer outro bem móvel, público ou particular, de que tem a posse em razão do cargo" **Peculato desvio**: "ou desviá-lo, em proveito próprio ou alheio"
Peculato Impróprio	**Peculato furto**: "§ 1º - Aplica-se a mesma pena, se o funcionário público, embora não tendo a posse do dinheiro, valor ou bem, o subtrai, ou concorre para que seja subtraído, em proveito próprio ou alheio, valendo-se de facilidade que lhe proporciona a qualidade de funcionário"
Peculato culposo	"§ 2º - Se o funcionário concorre culposamente para o crime de outrem"
Peculato Estelionato (art. 313)	"Apropriar-se de dinheiro ou qualquer utilidade que, no exercício do cargo, recebeu por erro de outrem"
Peculato Eletrônico (art. 313-A)	"Inserir ou facilitar, o funcionário autorizado, a inserção de dados falsos, alterar ou excluir indevidamente dados corretos nos sistemas informatizados ou bancos de dados da Administração Pública com o fim de obter vantagem indevida para si ou para outrem ou para causar dano"

QUANDO FALAMOS DE QUALQUER DAS ESPÉCIES DE PECULATO, ESTAMOS NOS REFERINDO A CONDUTAS PRATICADAS POR FUNCIONÁRIO PÚBLICO. MAS É POSSÍVEL O CONCURSO DE AGENTES COM PESSOA QUE NÃO SEJA FUNCIONÁRIA PÚBLICA?

Sim, perceba que com relação aos arts. 312 e 313, o peculato será praticado por funcionário público, podendo ter concurso de pessoas com o particular, desde que este seja ciente da condição de funcionário público do autor da conduta delitiva. Destacamos que, no art. 313-A, não será qualquer funcionário público, mas somente o funcionário autorizado, a inserção de dados falsos, alterar ou excluir indevidamente dados corretos nos sistemas informatizados ou bancos de dados da Administração Pública. Há de se destacar também, que quanto ao sujeito ativo no caso de peculato próprio, quer seja na forma de apropriação ou na forma de desvio, deverá ter a posse do objeto material em razão do seu cargo. O que difere do peculato impróprio, ou peculato furto, em razão de ser praticado pelo sujeito que, não tendo a posse do dinheiro, valor ou bem, o subtrai, mas valendo-se de facilidade que lhe proporciona a qualidade de funcionário, pratica o crime ou concorre para que outrem realize a subtração.

PECULATO ESTELIONATO OCORRE NA MESMA FORMA DO ESTELIONATO PROPRIAMENTE DITO?

Apesar do nome dado pela doutrina, existe uma diferenciação em razão da intenção do sujeito ativo da conduta. Enquanto no estelionato, desde o início, o sujeito possui a intenção de obtenção da vantagem ilícita, na conduta do art. 313, temos outro contexto. Não existe, no art. 313, a intenção do funcionário público em induzir em erro outrem para que lhe entregue dinheiro ou qualquer utilidade, no exercício do cargo. Na verdade, a intenção delitiva começa, no momento em que se percebe que o erro alheio aconteceu, apropriando-se, a partir daquele instante, o dinheiro ou utilidade pública.

NO CASO DE FURTO, OS TRIBUNAIS SUPERIORES JÁ SE MANIFESTARAM PELA NÃO CONFIGURAÇÃO DELITIVA SE, POR UM BREVE ESPAÇO DE TEMPO, O SUJEITO ATIVO SE APOSSE DE COISA ALHEIA MÓVEL, SEM O CONHECIMENTO OU CONSENTIMENTO DO PROPRIETÁRIO OU LEGÍTIMO POSSUIDOR, RESTITUINDO-A SEM CAUSAR QUALQUER PREJUÍZO. É POSSÍVEL FALARMOS, TAMBÉM, DA HIPÓTESE DE PECULATO DE USO?

Sim, o peculato de uso é configurado pelo STF como conduta atípica. Em uma situação em concreto, o "peculato de uso" foi reconhecida quando do uso de um veículo para a realização de deslocamentos por interesse particular. STF. 1ª Turma. HC 108433 AgR/MG. Rel. Min. Luiz Fux, 25/6/2013 (Informativo 712). Precedente do STJ que também analisou situação semelhante: "(...) analogamente ao furto de uso, o peculato de uso também não configura ilícito penal, tão-somente administrativo. Todavia, o peculato desvio é modalidade típica, submetendo o autor do fato à pena do artigo 312 do Código Penal. (...)" (HC 94.168/MG, Rel. Min. Jane Silva (Desembargadora Convocada Do TJ/MG), Sexta Turma, julgado em 01/04/2008).

NO CRIME DE PECULATO CULPOSO, PODEREMOS TER A EXTINÇÃO DE PUNIBILIDADE PELA REPARAÇÃO DO DANO?

Depende do momento processual em que esta reparação ocorre. Se a reparação do dano precede à sentença irrecorrível, extingue a punibilidade; se lhe é posterior, reduz de metade a pena imposta.

21.3. CONCUSSÃO

NO CRIME DE CONCUSSÃO, CONFORME O *CAPUT* DA CONDUTA DO ART. 316, QUANDO OCORRERÁ O MOMENTO CONSUMATIVO E, CONSEQUENTEMENTE, O CABIMENTO DE SITUAÇÃO FLAGRANCIAL DELITIVA?

No crime de concussão, a situação de flagrante delito configura-se no momento da exigência da vantagem indevida (e não no instante da entrega). Isso porque a concussão é crime **formal**, que se consuma com a exigência da vantagem indevida. Assim, a entrega da vantagem indevida representa mero exaurimento do crime que já se consumou anteriormente. (STJ. 5ª Turma. HC 266.460-ES, Rel. Min. Reynaldo Soares da Fonseca, julgado em 11/6/2015. Info 564).

TEMOS UMA SEMELHANÇA ENTRE OS CRIMES DE CONCUSSÃO, NA FORMA DO *CAPUT* DO ART. 316 E O CRIME DE CORRUPÇÃO PASSIVA, DESCRITA NO *CAPUT* DO ART. 317, COMO DIFERENCIÁ-LOS, JÁ QUE AMBOS OS CRIMES VISAM VANTAGEM INDEVIDA, PARA SI OU PARA OUTREM, DIRETA OU INDIRETAMENTE, AINDA QUE FORA DA FUNÇÃO OU ANTES DE ASSUMI-LA?

Exatamente no verbo nuclear da conduta delitiva teremos a diferenciação dos tipos penais. Observe que o crime de concussão possui apenas um verbo nuclear, qual seja, exigir. Para tanto, necessário se faz interpretar a conduta no sentido de configurar uma ordem ou uma maneira de imposição de intimidação ou ameaça. Já no crime de corrupção passiva, é admissível três forma de execução, na figura do *caput*:

    a. solicitar (que não tem correspondência no art. 333, não se punindo o particular que cede à solicitação);

b. receber (havendo uma correspondência no art. 333);
c. aceitar promessa (havendo uma correspondência no art. 333).

EXCESSO DE EXAÇÃO É OUTRA FIGURA PENAL?

O excesso de exação deveria ser um tipo penal autônomo, mas foi incorporado dentro do art. 316. Corresponde a conduta do funcionário público atua na arrecadação tributária, consumando a conduta se o funcionário exige tributo ou contribuição social que sabe ou deveria saber indevido, ou, quando devido, emprega na cobrança meio vexatório ou gravoso, que a lei não autoriza. Perceba que o §2º traz a modalidade de excesso de exação qualificada, ocorrendo quando o funcionário desvia, em proveito próprio ou de outrem, o que recebeu indevidamente para recolher aos cofres públicos.

21.4. CORRUPÇÃO PASSIVA

SEMPRE QUE HOUVER A PRÁTICA DO CRIME DE CORRUPÇÃO PASSIVA, NA FORMA DO *CAPUT*, DO ART. 317, NECESSARIAMENTE HAVERÁ A RESPONSABILIZAÇÃO TAMBÉM DO PARTICULAR?

Não, o art. 317 é uma exceção à teoria monista do concurso de pessoas, adotando-se, neste caso, a teoria pluralista. Traçando uma correspondência entre os verbos nucleares dos arts. 317 e 333, apenas na forma de receber e de aceitar promessa de vantagem indevida poderemos ter a responsabilização do particular, pelo art. 333 (que oferece ou promete a vantagem indevida) e o funcionário público responderá, respectivamente, por receber ou aceitar promessa de vantagem indevida. Observe que nestas situações o particular age de início, tendo o aceite de sua conduta pelo funcionário público. Mas, caso o funcionário público solicite a vantagem indevida, ainda que o particular ceda a esta solicitação, não haverá responsabilização penal para este.

PARA A CONFIGURAÇÃO DO CRIME DO ART. 317 É NECESSÁRIO QUE SE REFIRA À ATO DE OFICIO PRATICADO, RETARDADO OU OMITIDO PELO FUNCIONÁRIO PÚBLICO?

Primeiramente, cabe mencionar que não se faz necessário sequer a obtenção da vantagem, "o crime de corrupção passiva consuma-se ainda que a vantagem indevida esteja relacionada com atos que formalmente não se inserem nas atribuições do funcionário público. Ao contrário do que ocorre no crime de corrupção ativa, o tipo penal de corrupção passiva não exige a comprovação de que a vantagem indevida solicitada, recebida ou aceita pelo funcionário público esteja causalmente vinculada à prática, omissão ou retardamento de 'ato de ofício'. A expressão 'ato de ofício" aparece apenas no caput do art. 333 do CP, como um elemento normativo do tipo de corrupção ativa, e não no caput do art. 317 do CP, como um elemento normativo do tipo de corrupção passiva. Ao contrário, no que se refere a este último delito, a expressão 'ato de ofício' figura apenas na majorante do art. 317, § 1.º, do CP e na modalidade privilegiada do § 2.º do mesmo dispositivo. (...) O âmbito de aplicação da expressão 'em razão dela', contida no art. 317 do CP, não se esgota em atos ou omissões que detenham relação direta e imediata com a competência funcional do agente. O crime de corrupção passiva não exige nexo causal entre a oferta ou promessa de vantagem indevida e eventual ato de ofício praticável pelo funcionário público. O nexo causal a ser reconhecido é entre a mencionada oferta ou promessa e eventual facilidade ou suscetibilidade usufruível em razão da função pública exercida pelo agente. O crime de corrupção passiva consuma-se ainda que a solicitação ou recebimento de vantagem indevida, ou a aceitação da promessa de tal vantagem, esteja relacionada com atos que formalmente não se inserem nas atribuições do funcionário público, mas que, em razão da função pública, materialmente implicam alguma forma de facilitação da prática da conduta almejada". (REsp 1745410/SP, Rel. Ministro SEBASTIÃO REIS JÚNIOR, Rel. p/ Acórdão Ministra Laurita Vaz, Sexta Turma, julgado em 02/10/2018, DJe 23/10/2018)

21.5. PREVARICAÇÃO

O QUE É A CORRUPÇÃO PASSIVA PRIVILEGIADA E COMO DIFERENCIÁ-LA DO CRIME DE PREVARICAÇÃO?

Ocorre quando o funcionário pratica, deixa de praticar ou retarda ato de ofício, com infração de dever funcional, **cedendo a pedido ou influência de outrem**. Perceba que no caso da corrupção passiva privilegiada existirá a figura do funcionário público e outrem que pede ou influencia para que haja a prática, a omissão ou retardamento de ato de ofício. No caso da prevaricação, não existe esta outra pessoa no contexto, o crime do art. 319 ocorre quando o funcionário público retardar ou deixar de praticar, indevidamente, ato de ofício, ou praticá-lo contra disposição expressa de lei, para satisfazer interesse ou sentimento pessoal. O sentimento pessoal constitui-se em uma contexto de afeto, emoção ou paixão, quer seja negativo ou positivo.

21.6. RESISTÊNCIA (ART. 329), DESOBEDIÊNCIA (ART. 330) E DESACATO (ART. 331)

DESACATO DEIXOU DE SER CONDUTA PENAL?

Não, desacatar funcionário público no exercício da função ou em razão dela continua a ser crime (STJ. 3ª Seção. HC 379.269-MS, Rel. Min. Reynaldo Soares da Fonseca, Rel. para acórdão Min. Antônio Saldanha Palheiro, julgado em

24/5/2017. Informativo 607). O crime de desacato é compatível com a Constituição Federal e com o Pacto de São José da Costa Rica. A figura penal do desacato não tolhe o direito à liberdade de expressão, não retirando da cidadania o direito à livre manifestação, desde que exercida nos limites de marcos civilizatórios bem definidos, punindo-se os excessos. (STF. 2ª Turma. HC 141949/DF, Rel. Min. Gilmar Mendes, julgado em 13/3/2018. Informativo 894)

QUAL A DIFERENÇA ENTRE AS CONDUTAS DE RESISTÊNCIA (ART. 329), DESOBEDIÊNCIA (ART. 330) E DESACATO (ART. 331)?

No crime de **resistência**, o fato será praticado por aquele que se oponha à execução de ato legal, mediante violência ou ameaça a funcionário competente para executá-lo ou a quem lhe esteja prestando auxílio. Não é necessário que a execução do ato legal não se realize, porém, constitui qualificadora do crime do art. 329, se o ato, em razão da resistência, não se executa. O crime de **desobediência** pressupõe inexistência de violência ou grave ameaça, ocorrendo quando o sujeito destinatário da ordem legal tenha o dever jurídico de obedecê-la, mas assim não o faz. Exemplo de tal conduta é o caso de desobediência de ordem de parada emitida por policial rodoviário federal ou policial militar, no exercício de atividade ostensiva destinada a prevenção e repressão da criminalidade. O crime de **desacato** é o menos gravoso das três condutas, observando para tanto a quanto de pena atribuída a cada tipo penal. Caracteriza-se quando o sujeito ativo ofende ou humilha ou ridiculariza o funcionário público, podendo a conduta ser praticada de forma livre, ou seja, por meio de xingamento ou de gesto. Vale destacar que a situação de inconformismo quanto a atuação do funcionário público ou a mera reclamação acerca da qualidade do serviço prestado, via de regra, não caracterizará o delito.

21.7. DESCAMINHO (ART. 334) E CONTRABANDO (ART. 334-A)

O QUE DIFERENCIA O CRIME DE DESCAMINHO DO CRIME DE CONTRABANDO?

No crime de descaminho, o bem jurídico protegido é o erário público, lesado em razão da não tributação incidente com a entrada ou a saída de mercadoria. A mercadoria, se pago o tributo devido, seria conduta lícita, caso contrário, incorrerá em contrabando. No caso de contrabando, o bem jurídico protegido é o erário público e, também, as políticas de importação e exportação, além de se tutelar, ainda, a saúde e incolumidade pública. No contrabando, a mercadoria importada ou exportada é **proibida**. Aliás, também constitui contrabando a conduta de quem pratica fato assimilado, em lei especial, a contrabando; importa ou exporta clandestinamente mercadoria que dependa de registro, análise ou autorização de órgão público competente; reinsere no território nacional mercadoria brasileira destinada à exportação; vende, expõe à venda, mantém em depósito ou, de qualquer forma, utiliza em proveito próprio ou alheio, no exercício de atividade comercial ou industrial, mercadoria proibida pela lei brasileira; adquire, recebe ou oculta, em proveito próprio ou alheio, no exercício de atividade comercial ou industrial, mercadoria proibida pela lei brasileira. Equipara-se às atividades comerciais, para os efeitos do crime de contrabando, qualquer forma de comércio irregular ou clandestino de mercadorias estrangeiras, inclusive o exercido em residências. Quanto às atividades comerciais, equiparam-se, ainda, qualquer forma de comércio irregular ou clandestino de mercadorias estrangeiras, inclusive o exercido em residências.

QUAL A COMPETÊNCIA PARA OS CRIMES DE DESCAMINHO E DE CONTRABANDO?

Compete à Justiça Federal o julgamento dos crimes de contrabando e de descaminho, ainda que inexistentes indícios de transnacionalidade na conduta. (STJ. 3ª Seção. CC 160.748-SP, Rel. Min. Sebastião Reis Júnior, julgado em 26/09/2018. Informativo 635). Neste sentido, também compete à Justiça Federal a condução do inquérito que investiga o cometimento do delito previsto no art. 334, § 1º, IV, do Código Penal, na hipótese de venda de mercadoria estrangeira, permitida pela ANVISA, desacompanhada de nota fiscal e sem comprovação de pagamento de imposto de importação (STJ. Plenário. CC 159.680-MG, Rel. Min. Reynaldo Soares da Fonseca, julgado em 08/08/2018. Informativo 631).

21.8. CRIMES EM LICITAÇÕES E CONTRATOS ADMINISTRATIVOS

QUAIS AS INOVAÇÕES TRAZIDAS PELA LEI 14.133/2021, ACERCA DOS CRIMES EM LICITAÇÕES E CONTRATOS ADMINISTRATIVOS?

Como forma de regulamentar as diretrizes contidas no art. 37, da Constituição Federal, a novel legislação trouxe o disciplinamento normas gerais de licitação e contratação para as Administrações Públicas diretas, autárquicas e fundacionais da União, dos Estados, do Distrito Federal e dos Municípios. A anterior lei 8666/1993, que disciplinava o tema, foi revogada expressamente em relação aos aspectos penais e processuais penais, na data de publicação da 14.133/2021. Em relação a outros aspectos, o prazo de *vacatio legis* da 14.133/2021 durará o prazo de dois anos a partir da publicação da nova lei. Com isso, tivemos a inclusão do capítulo II-B, no título dos crimes contra a Administração Pública, previsto no

Código Penal. Tivemos a incorporação de onze condutas penais, disciplinas nos arts. 337-E ao 337-O, acrescida da disposição sobre aplicação da pena de multa cominada aos crimes previstos neste Capítulo, devendo seguir a metodologia de cálculo prevista no Código e não podendo ser inferior a 2% (dois por cento) do valor do contrato licitado ou celebrado com contratação direta.

COMO FUNCIONA ESTA METODOLOGIA DE APLICAÇÃO DA PENA DE MULTA NA PRÁTICA?

É uma regra especial nova para aplicação dosimétrica da pena de multa. Em outras palavras, nos casos de fixação da pena de multa a qualquer dos crimes previstos nos arts. 337-E ao 337-O, observará:

Na primeira fase: a fixação da quantidade de dias-multa, respeitando-se o limite mínimo de 10 e máximo de 360 dias-multa.

Na segunda fase da aplicação da pena de multa, o juiz fixará o valor de cada dia-multa, levando em conta o valor mínimo de 1/30 do salário-mínimo vigente à época do fato, até o limite máximo de cinco vezes o valor integral do referido salário-mínimo.

O Código Penal prevê, ainda, um critério especial de triplicação do valor em virtude da situação econômica do réu.

O que a lei 14.133/2021 trouxe de inovação na dosimetria da pena de multa foi a consideração em relação aos vultosos valores dos contratos administrativos e, especialmente, os licitatórios. Imagine a situação de um crime de contratação inidônea, previsto no art. 337-M, no qual o juiz estabelece a dosimetria da pena de multa, levando em consideração que o valor do contrato foi de um milhão de reais. Se o juiz fixa a pena em 15 dias-multa, na primeira fase. Depois, na segunda fase, estabelece que o valor de cada dia multa será de 1 salário-mínimo. Considere, ainda, que o salário-mínimo à época dos fatos seja de R$1.100,00. Assim teríamos 15 dias-multa vezes R$1.100,00, que é o valor de cada dia multa fixado, totalizando R$16.500,00. Se não for caso de aplicação do critério especial de triplicação do valor, o mínimo a ser empregado nesta situação, seria o valor de R$20.000,00, ao invés dos R$16.500,00, em razão do mínimo de 2% sobre o valor do contrato.

21.9. CRIMES CONTRA A ADMINISTRAÇÃO DA JUSTIÇA

21.9.1. REINGRESSO DE ESTRANGEIRO EXPULSO

REINGRESSAR NO TERRITÓRIO NACIONAL O ESTRANGEIRO QUE DELE FOI EXPULSO É CRIME PRÓPRIO OU DE MÃO PRÓPRIA?

É crime de mão própria, somente o estrangeiro expulso por meio de medida administrativa de retirada compulsória poderá ser sujeito ativo. Para fins do crime do art. 338, estrangeiro é aquele que não é brasileiro nato ou naturalizado. O procedimento de expulsão está previsto na Lei 13.445/2017 – Lei de Migração – conforme o art. 54, "a expulsão consiste em medida administrativa de retirada compulsória de migrante ou visitante do território nacional, conjugada com o impedimento de reingresso por prazo determinado". É crime de ação penal pública incondicionada, competência da Justiça Federal (art. 109, X, CRFB/88). Vale lembrar o que o impedimento de reingresso possui prazo determinado.

EM QUE HIPÓTESE PODERÁ O ESTRANGEIRO SOFRER PROCEDIMENTO DE RETIRADA COMPULSÓRIA DO TERRITÓRIO NACIONAL?

Poderá dar causa à expulsão a condenação com sentença transitada em julgado relativa à prática de:

a. crime de genocídio, crime contra a humanidade, crime de guerra ou crime de agressão, nos termos definidos pelo Estatuto de Roma do Tribunal Penal Internacional, de 1998, promulgado pelo Decreto nº 4.388, de 25 de setembro de 2002; ou
b. crime comum doloso passível de pena privativa de liberdade, consideradas a gravidade e as possibilidades de ressocialização em território nacional.

Caberá à autoridade competente resolver sobre a expulsão, a duração do impedimento de reingresso e a suspensão ou a revogação dos efeitos da expulsão, observado o disposto da lei de migração.

21.9.2. DENUNCIAÇÃO CALUNIOSA (ART. 339)

É POSSÍVEL A PRÁTICA DA CONDUTA DE DENUNCIAÇÃO CALUNIOSA APENAS RELACIONADA À AÇÃO PENAL?

Não, o crime de denunciação caluniosa protege a administração da Justiça de maneira ampla. Ou seja, o fato criminoso existirá a quem der causa à

a. instauração de inquérito policial,
b. procedimento investigatório criminal,
c. processo judicial,
d. processo administrativo disciplinar,
e. inquérito civil ou
f. ação de improbidade administrativa contra alguém.

Assim sendo, a conduta poderá ocorrer que seja imputando crime, infração ético-disciplinar ou ato ímprobo de que o sabe inocente. Verbo nuclear "dar causa" de forma **direta**, ocorre quando o sujeito ativo formalmente apresenta a *notitia criminis* ou de forma **indireta**, quando o sujeito ativo faz com que a notícia chegue até a autoridade competente para que esta proceda às medidas cabíveis. Teremos majorante "se serve de anonimato ou de nome suposto". E minorante "se a imputação é de prática de contravenção".

Atenção ao princípio da especialidade:

Código Eleitoral. Art. 326-A. Dar causa à instauração de investigação policial, de processo judicial, de investigação administrativa, de inquérito civil ou ação de improbidade administrativa, atribuindo a alguém a prática de crime ou ato infracional de que o sabe inocente, com finalidade eleitoral.

Lei 13.869/2019 (Lei de abuso de autoridade). Art. 30. Dar início ou proceder à persecução penal, civil ou administrativa sem justa causa fundamentada ou contra quem sabe inocente:

Pena - detenção, de 1 (um) a 4 (quatro) anos, e multa.

Lei 12.850/2013 (Lei das Organizações Criminosas). Art. 19. Imputar falsamente, sob pretexto de colaboração com a Justiça, a prática de infração penal a pessoa que sabe ser inocente, ou revelar informações sobre a estrutura de organização criminosa que sabe inverídicas:

Pena - reclusão, de 1 (um) a 4 (quatro) anos, e multa.

O QUE DIFERENCIA A CONDUTA DE CALÚNIA E A CONDUTA DE DENUNCIAÇÃO CALUNIOSA?

A conduta de denunciação caluniosa visa causar prejuízo ao erário, afetando não apenas a imagem do pessoa a qual se imputa falsamente fato definido como crime, como também, provocando uma atuação que sabe ser indevida do maquinário estatal.

21.9.3. COMUNICAÇÃO FALSA DE CRIME OU DE CONTRAVENÇÃO

O ART. 340 TAMBÉM PREVÊ A POSSIBILIDADE DE COMUNICAÇÃO DE OCORRÊNCIA DE CRIME OU CONTRAVENÇÃO PENAL QUE SABE NÃO SE TER VERIFICADO. É SEMELHANTE AO ART. 339?

Neste caso, perceba que não estamos diante da imputado do fato a uma pessoa específica, mas sim, a imputação da conduta infracional penal que sabe não se ter verificado. É necessária a caracterização do dolo de agir. Cuidado com a incidência do princípio da especialidade para afastar o art. 340 e recair no art. 171, §2º, V, comunicando falsamente um crime para fraudar recebimento de indenização ou valor de seguro.

21.9.4. AUTOACUSAÇÃO FALSA

É POSSÍVEL AFASTAR O CRIME DE AUTOACUSAÇÃO FALSA POR MOTIVAÇÃO ALTRUÍSTICA?

Não, a conduta de acusar-se, perante a autoridade (que pode ser policial, ministerial ou judiciária) de crime inexistente ou praticado por outrem, também causa uma atuação que sabe ser indevida do maquinário estatal. Perceba que não incidirá qualquer forma de escusa absolutória nesta conduta penal, como temos no art. 348, §2º.

21.9.5. FALSO TESTEMUNHO OU FALSA PERÍCIA

O CRIME DE FALSO TESTEMUNHO OU FALSA PERÍCIA INCIDIRÁ EM FACE DE QUALQUER FATO EM QUE O SUJEITO ATIVO FAÇA AFIRMAÇÃO FALSA, OU NEGUE OU CALE A VERDADE COMO TESTEMUNHA, PERITO, CONTADOR, TRADUTOR OU INTÉRPRETE EM PROCESSO JUDICIAL, OU ADMINISTRATIVO, INQUÉRITO POLICIAL, OU EM JUÍZO ARBITRAL?

Não, apenas sobre fato juridicamente relevante, ou seja, aquele capaz de influenciar na valoração de prova que servirá de base para decisão em processo judicial ou administrativo, ou em inquérito policial ou em juízo arbitral. Juízo incompetente não exclui o crime, mas o processo nulo exclui.

É PRECISO QUE HAJA A INTENÇÃO DE OBTENÇÃO DE SUBORNO OU VANTAGEM INDEVIDA?

Existe majorante se o fato for praticado mediante suborno ou se cometido com o fim de obter prova destinada a produzir efeito em processo penal, ou em processo civil em que for parte entidade da administração pública direta ou indireta.

CASO O SUJEITO ATIVO DA CONDUTA DESCRITA NO ART. 342 SE RETRATE, PODERÁ SER CONSIDERADA COMO CONDIÇÃO RESOLUTIVA DE CAUSA DE EXTINÇÃO DE PUNIBILIDADE?

O fato deixa de ser punível se, antes da sentença no processo em que ocorreu o ilícito, o agente se retrata ou declara a verdade.

Atenção! A vítima presta declarações e não testemunho, razão pela qual não pratica crime de falso testemunho (CPP.

Art. 201. "sempre que possível, o ofendido será qualificado e perguntado sobre as circunstâncias da infração, quem seja ou presuma ser o seu autor, as provas que possa indicar, tomando-se por termo as suas declarações").

21.10. CRIMES CONTRA AS FINANÇAS PÚBLICAS:

Sobre os crimes contra as finanças pública, cabe destacar que sua base constitucional é o art. 37 da Constituição Federal. Devendo ser observada, também, a Lei Complementar 101/2000 – Lei de Responsabilidade Fiscal. Em uma visão geral, são crimes de ação penal pública incondicionada. Não existe tipo penal na forma culposa. O sujeito ativo será o funcionário público nos termos de cada tipo penal. O sujeito passivo será sempre a Administração Pública, conforme o ente federativo lesado.

No crime de **contratação de operação de crédito**

> Art. 359-A. Ordenar, autorizar ou realizar operação de crédito, interno ou externo, sem prévia autorização legislativa: (Incluído pela Lei nº 10.028, de 2000)
> Pena – reclusão, de 1 (um) a 2 (dois) anos. (Incluído pela Lei nº 10.028, de 2000)

A operação de crédito é compromisso financeiro assumido em razão de mútuo, abertura de crédito, emissão e aceite de título, aquisição financiada de bens, recebimento antecipado de valores provenientes da venda a termo de bens e serviços, arrendamento mercantil e outras operações assemelhadas, inclusive com o uso de derivativos financeiros (art. 29, II, da Lei Complementar 101/2000).

Temos como exemplo de autorização legislativa:

> Lei Complementar 101/2000. Art. 32. O Ministério da Fazenda verificará o cumprimento dos limites e condições relativos à realização de operações de crédito de cada ente da Federação, inclusive das empresas por eles controladas, direta ou indiretamente. § 1o O ente interessado formalizará seu pleito fundamentando-o em parecer de seus órgãos técnicos e jurídicos,

demonstrando a relação custo-benefício, o interesse econômico e social da operação e o atendimento das seguintes condições: IV - autorização específica do Senado Federal, quando se tratar de operação de crédito externo.

São formas equiparadas quem ordena, autoriza ou realiza operação de crédito, interno ou externo:

a. com inobservância de limite, condição ou montante estabelecido em lei ou em resolução do Senado Federal;
b. quando o montante da dívida consolidada ultrapassa o limite máximo autorizado por lei.

QUAL A DIFERENÇA DA CONDUTA DESCRITA NO ART. 359-A E 359-D?

Diferente do art. 359-A, o art. 359-D pune apenas quem ordena e não quem realiza a ordem de despesa. O verbo nuclear "ordenar" corresponde a determinar que se proceda, se faça a despesa não autorizada por lei (ou seja, sem a previsão orçamentária para tanto). É crime subsidiário, aplicável somente quando não houver conduta mais gravosa

O crime de **inscrição de despesas não empenhadas em restos a pagar** ("ordenar ou autorizar a inscrição em restos a pagar, de despesa que não tenha sido previamente empenhada ou que exceda limite estabelecido em lei") é norma penal em branco. De acordo com a lei 4.320/1964 (Estatui Normas Gerais de Direito Financeiro para elaboração e controle dos orçamentos e balanços da União, dos Estados, dos Municípios e do Distrito Federal), consideram-se restos a pagar as despesas empenhadas, mas não pagas até o dia 31 de dezembro distinguindo-se as processadas das não processadas (art.36).

Em relação ao crime de **oferta pública ou colocação de títulos no mercado**, prevista no art. 359-H, a conduta é praticada inserindo o título no mercado financeiro sem prévia autorização legislativa ou, mesmo com tal autorização, sem o registro no sistema centralizado de liquidação e de custódia. Pode ser punido quem ordene, autorize ou promova a oferta pública ou a colocação no mercado financeiro de títulos da dívida pública sem que tenham sido criados por lei ou sem que estejam registrados no referido sistema. De acordo com a **Lei Complementar 101/2000**, considera-se:

a. dívida pública consolidada ou fundada: montante total, apurado sem duplicidade, das obrigações financeiras do ente da Federação, assumidas em virtude de leis, contratos, convênios ou tratados e da realização de operações de crédito, para amortização em prazo superior a doze meses;

b. dívida pública mobiliária: dívida pública representada por títulos emitidos pela União, inclusive os do Banco Central do Brasil, Estados e Municípios.

22. CRIMES CONTRA O ESTADO DEMOCRÁTICO DE DIREITO

PARA COMEÇARMOS OS ESTUDOS DOS CRIMES CONTRA O ESTADO DEMOCRÁTICO DE DIREITO, INCLUÍDOS PELA LEI 14.197/2021, NECESSÁRIO SABER: O QUE CONSISTE NA EXPRESSÃO "ESTADO DEMOCRÁTICO DE DIREITO"?

A Magna Carta vigente estabelece que nossa forma de Estado é a Federativa, nossa forma de governo é a republicana, nosso sistema de governo é o presidencialista e o regime de governo é o democrático. Assim sendo, apesar da nossa República Federativa do Brasil se constituir em Estado Democrático de Direito, não existia legislação expressa que protegesse isso. Apesar da previsão constitucional, somente por meio da lei 14.197/2021 (publicada em 1º de setembro de 2021, mas que entrou em vigor apenas 90 dias após sua publicação oficial) tivemos a inclusão do Título XII, da Parte Especial do Código Penal.

COM ESTA NOVA LEGISLAÇÃO OCORREU A REVOGAÇÃO DA LEI DE SEGURANÇA NACIONAL (LEI 7.170/1983)?

Expressamente o art. 4º da lei 14.197/2021 previu a revogação expressão da lei 7.170, de 14 de dezembro de 1983 (Lei de Segurança Nacional), e do art. 39 do Decreto-Lei nº 3.688, de 3 de outubro de 1941 (Lei das Contravenções Penais).

ENTÃO, TODA CONDUTA QUE ATENTE O ESTADO DEMOCRÁTICO DE DIREITO CONSTITUI CRIME?

Não, a lei 14.197/2021 incluiu o art. 359-T, estabelecendo que não constitui crime previsto neste novo Título a manifestação crítica aos poderes constitucionais nem a atividade jornalística ou a reivindicação de direitos e garantias constitucionais por meio de passeatas, de reuniões, de greves, de aglomerações ou de qualquer outra forma de manifestação política com propósitos sociais. Serão crimes as condutas que correspondam a atentado à soberania nacional, previstos nos arts. 359-I, 359-J e 359-K. Nesta última tipificação, o crime de espionagem pode ser praticado por quem "entregar a governo estrangeiro, a seus agentes, ou a organização criminosa estrangeira, em desacordo com determinação legal ou regulamentar, documento ou informação classificados como secretos ou ultrassecretos nos termos da lei, cuja revelação possa colocar em perigo a preservação da ordem constitucional ou a soberania nacional". Ainda assim, não se inclui dentro desta conduta, a comunicação, a entrega ou a publicação de informações ou de documentos com o fim de expor a prática de crime ou a violação de direitos humanos.

- editoraletramento
- editoraletramento.com.br
- editoraletramento
- company/grupoeditorialletramento
- grupoletramento
- contato@editoraletramento.com.br

- editoracasadodireito.com
- casadodireitoed
- casadodireito